Etnografia para educadores

AMURABI OLIVEIRA

Etnografia para educadores

editora
unesp

© Editora Unesp, 2023

Direitos de publicação reservados à:
FUNDAÇÃO EDITORA DA UNESP (FEU)
Praça da Sé, 108
01001-900 – São Paulo – SP
Tel.: (0xx11) 3242-7171
Fax: (0xx11) 3242-7172
www.editoraunesp.com.br
www.livrariaunesp.com.br
atendimento.editora@unesp.br

Dados Internacionais de Catalogação na Publicação (CIP) de acordo com ISBD
Elaborado por Odilio Hilario Moreira Junior – CRB-8/9949

O48e	Oliveira, Amurabi
	Etnografia para educadores / Amurabi Oliveira. – São Paulo : Editora Unesp, 2023.
	Inclui bibliografia.
	ISBN: 978-65-5711-199-4
	1. Antropologia. 2. Etnografia. 3. Educação. I. Título.
	CDD 301
2023-952	CDU 572

Índice para catálogo sistemático:

1. Antropologia 301
2. Antropologia 572

Editora afiliada:

Asociación de Editoriales Universitarias
de América Latina y el Caribe

Associação Brasileira de
Editoras Universitárias

Sumário

Prefácio

"Quem ensina aprende ao ensinar. E quem
aprende ensina ao aprender"

PAULO FREIRE

Em tempos impactantes como o que estamos vivendo, muitos são os desafios que, impostos em diferentes espaços sociais, têm pressionado profissionais e pesquisadores a pensar a educação como campo necessário à vida. A educação necessária não apenas aos sujeitos, mas também à formação consciente e crítica em torno do conhecimento e da natureza do saber. A perspectiva de entendimento de quão fundamental é a ciência e o saber para processos de mudança, inovação e reinvenção de nosso mundo e da nossa sociedade está na base mesma dos processos de transformação social e política de um mundo melhor. Assim, a premência de práxis educativas inovadoras em realidades como a que atravessa o Brasil se impõe na formação daqueles que assumem o campo educativo em seu fazer profissional como educadores e/ou pesquisadores. Cenário que, sem dúvida, está presente no livro que me coube, neste momento, apresentar ao leitor para reflexão e contribuição ímpar no campo da educação e fruto da relação aprender-ensinar-aprender como troca e partilha, como diálogo.

Ao receber o convite para prefaciar um trabalho que leva em conta essa realidade brasileira, escrito por um antropólogo que é também sociólogo com vasta experiência no campo educacional, questionei-me se teria condições de fazer jus à obra e ao seu autor, o professor

Amurabi Oliveira. O questionamento se dá em razão de ser o autor conhecido pela sua imensa capacidade de transitar entre a antropologia, a sociologia e a educação.

O termo transitar tem a ver com transformar, no sentido do que poderá vir-a-ser; e é nesse sentido que a travessia entre campos de saber que leva o autor a fluir através dele próprio como profissional que conhece o "chão da escola" e faz do campo científico e das ciências que pratica uma forma de contribuir nos processos de formação de educadores, em particular, no universo da educação. Trata-se de um campo de travessia plural e multidisciplinar que, diante dos desafios de hoje, busca dialogar com a antropologia. Daí a pergunta que move e moveu Amurabi Oliveira ao dar forma a este livro: quais as possibilidades de fazer etnografias na educação?

Ao fazer essa pergunta, o autor, de modo viável e rigoroso, assume a orientação que o preocupa, ou seja, a formação do pedagogo e a inserção desse educador na antropologia em termos teóricos e práticos. Não por acaso, portanto, o título desse livro coloca diretamente seu tema: *Etnografia para educadores*.

Com esse tema, Oliveira cruza as pontes do conhecimento e se dispõe a desvendar as encruzilhadas para exercer a ação educativa de compartilhar conteúdos e práticas de um campo específico, que na antropologia se compreende como o "fazer" *com* o outro, *junto* e *através* dos sujeitos, para produzir o conhecimento. Conhecimento que não é "de", mas "com", isto é, compartilhado, trocado, vivido e refletido. Esse é o espírito que se faz presente na feitura deste livro: "Guiei-me principalmente pelas minhas próprias inquietações em campo e em sala de aula, assim como pelas questões levantadas pelos meus estudantes, tanto por aqueles que rumavam da educação para a antropologia quanto pelos que faziam o caminho reverso" (p.105).

Carlos Rodrigues Brandão (2021, p.13) nos diz que "escrever um livro não é uma tarefa individual", por mais que assinado por um autor. O autor, ele próprio, é fruto dos muitos encontros com sujeitos diversos que com ele conformam sua própria formação. Não por acaso, o professor Oliveira lembra aqui que, para além de seus alunos e da sala de aula que organiza suas perguntas e da busca por respostas nesta excelente obra, ele próprio como pessoa e profissional é resultado de troca coletiva. Portanto, sua condição profissional, no passado como aluno e no presente como docente, é a de transitar entre e com muitos "outros", em um caminho coletivo e transdisciplinar. Por essa razão, ainda que como obra individual, este livro é também coletivo, fruto de caminhos cruzados "com" e "através" de tantos outros sujeitos dentro e fora da academia, dentro e fora da escola, pelas relações com o mundo e a realidade viva na qual construímos, cada um de nós, a nossa caminhada.

O livro também é fruto desse caminhar aprendendo, seja pela formação do autor na pós-graduação em Sociologia sob orientação de um renomado antropólogo, seja, como ele próprio afirma, pela vivência como professor da educação básica, pesquisador e cientista social em "troca acadêmica e afetiva com diversos cientistas sociais da educação" (p.20).

Todo esse cenário me fez lembrar de conversas pessoais com Carlos Rodrigues Brandão[1] em que ele diz: "E chegamos [assim] ao ensinar--e-aprender, à pedagogia, à educação. E, claro, sempre através de um foco na antropologia". A antropologia, é o lugar de pertença do professor Amurabi, de seu livro e de ambos como resultado coletivo de aprendizagens e ensino refletidos e reflexos. Na Introdução da obra, o autor é bastante claro quando afirma que "Este livro parte do princípio que refletir sobre a pesquisa, e sobre os modos de pesquisar, deve ser um exercício contínuo, que se realiza de maneira não apenas autorreflexiva, como também (e principalmente) coletivamente em diferentes espaços" (p.19).

Na busca de interagir e dialogar com processos de investigação da antropologia e atualizar o debate com a finalidade de instaurar práticas de pesquisa condizentes com a epistemologia da prática antropológica no universo da educação, este livro se propõe a pensar o papel da pesquisa na formação docente. Considera como fundamental circunscrever-se no universo das ciências sociais, particularmente no campo da antropologia e sua presença na educação. Ainda na Introdução, o autor afirma que pretende "uma reflexão sobre as diversas etapas da pesquisa, sempre tendo como horizonte a etnografia em contextos educacionais" (p.20). Mas alerta o autor que não se trata de manual, uma vez que "não há como ensinar alguém a fazer uma etnografia (Peirano, 1995), nem

---

1 Trata-se de troca pessoal ocorrida em 2022 entre Carlos Rodrigues Brandão e um grupo de amigos, do qual faço parte e cujo conteúdo não se encontra publicado.

como produzir um manual de pesquisa antropológica (Gama; Fleischer, 2016). Porém, é possível apontar para certas discussões, princípios e caminhos que viabilizem esse processo".

A partir dessa premissa, este livro se estrutura em capítulos necessários à introdução do leitor ao conhecimento antropológico por meio de linguagem acessível e centrada no fazer da etnografia no campo educacional. O autor assume que é possível fazer boas etnografias em contextos educacionais, de modo a criticar os estudos de "tipo etnográfico". Na abordagem que faz em defesa de pesquisas de fato etnográficas, afirma que elas podem ser realizadas por bons pesquisadores em qualquer campo e não apenas por antropólogos. Daí que, propositalmente, este livro elege a educação como um campo possível para "o advento de novas pesquisas", ao mesmo tempo que reflete "sobre um modo específico de produção do conhecimento, a etnografia" (p.24), entre educadores.

Mas, afinal, o que é uma pesquisa etnográfica? A pergunta orienta o debate no primeiro capítulo e expõe ao leitor, aos pesquisadores, um percurso que aproxima o passado e o presente das práticas etnográficas, sem se prender a uma escrita historiográfica e linear. Coloca autores clássicos, como Bronislaw Malinowski, ao lado de autores recentes, tais como Tim Ingold, Clifford Geertz, Adam Kuper, entre outros, evidenciando a importância de se pensar a antropologia e a etnografia em termos de continuidade, movimento e mudança epistêmica que avança sem jogar a criança – ou seja, os clássicos – com a água do banho – ou seja, não se olha o presente sem referência às conquistas do passado do próprio campo. Para aprendizes desse novo tempo, essa é uma consideração extremamente importante, pois exige pensar continuidades e descontinuidades que formam e constituem o campo científico, sempre movente, sempre dinâmico, mas devedor de suas fontes seminais.

No contexto desse primeiro capítulo, alguns princípios da etnografia se revelam como fundamentais: a inseparabilidade entre cultura e educação; entre descrição e interpretação; a não redução da antropologia à etnografia, ao mesmo tempo que evidencia que não há antropologia sem etnografia. Amurabi Oliveira também nos lembra a importância das práticas de observar e participar, resgatando a observação participante como parte da guinada epistemológica, que encontra em Malinowski seu ponto de arranque e sua primordialidade presente até hoje no campo antropológico.

Fundamental ainda a compreensão de como os conceitos e as categorias transitam de modo a serem sempre moventes, em acordo com diferentes contextos, e as razões de sofrerem alterações importantes como ferramentas de compreensão da realidade que se investiga. Nesses casos, exemplar é o que se aprende *em* campo, *no* campo e *com* o campo. Fato que leva o autor a refletir sobre os aspectos de uma antropologia da educação, trazendo Paulo Freire para dialogar com os antropólogos do passado e do presente. Avança, assim, para um fazer antropológico atual e moderno que dialoga com o que é próximo, com o que existe em nossa porta, como escola. A consequência desse trânsito será a contribuição da antropologia para o alargamento da noção de educação, redimensionando o "próprio campo de investigação", que coloca em questão o familiar, mas nem sempre conhecido como dizem Da Matta e Gilberto Velho. Em questão estão novas formas de interrogar a própria realidade, neste caso, a escola e seu contexto.

Na análise que se segue, o autor se propõe a elucidar a necessidade de "desenvolvimento de uma reflexão mais apurada sobre a incorporação da etnografia no campo educacional" (p.34), trazendo à baila o "equívoco epistemológico" da etnografia reduzida em termos de uma metodologia ou técnica. Professor Amurabi aponta, então, para a indissociabilidade entre teoria e método no caso da etnografia, já que é impossível descrever uma realidade sem interpretá-la.

O capítulo caminha, assim, para uma apresentação de passos necessários à pesquisa etnográfica sem, contudo, cair na armadilha de vê-los em separado, ordenados um a um. Como diz o autor: "Não quero com isso desanimar o leitor que esperava nesta seção do texto um passo a passo de como realizar uma pesquisa etnográfica" (p.38). Na verdade, diz ele, citando Peirano, "não há como propriamente ensinar a fazer pesquisa de campo" (p.38), ou como se diz: em antropologia se aprende a fazer, fazendo.

Para dar conta de equívocos como o que supõe passos necessários e ordenados de uma prática em campo e de outros comuns no trânsito entre duas áreas de conhecimento – a antropologia e a educação –, o autor se indaga qual seria a razão que move as pesquisas etnográficas em educação, trazendo para o debate a afirmação de alguns autores.

Dentre estes, resgata a produção de Marli André e Martucci sobre a impossibilidade de realizar pesquisas etnográficas no campo educacional e as coloca no centro de uma reflexão crítica. No diálogo que estabelece com outras tendências, como as do Departamento de Investigaciones Educativas (DIE) do Centro de Investigación y de Estudios Avanzados do Instituto Politécnico Nacional, no México, e com pesquisadores da alçada de Carlos Rodrigues Brandão, Sandra Tosta e, ele mesmo, professor Amurabi Oliveira, resgata a pertinência de pesquisas etnográficas em educação e não de "tipo etnográfico". Assume que, apesar de matrizes epistemológicas serem diversas nos campos aqui considerados, as fronteiras não se dissolvem, mas não são impeditivas do diálogo e da troca, já que "os pressupostos teóricos e metodológicos da educação são essencialmente interdisciplinares, bebendo da antropologia, da filosofia, da história, da psicologia, da sociologia etc." (p.41).

Para o autor, cabe

pensarmos a possibilidade de construção de novas posturas cognitivas por parte dos profissionais da educação, pois a etnografia é, por excelência, uma forma de investigar a realidade que nos leva a questionar nossas próprias práticas, relativizando-as, assim como relativizando as práticas "do outro", compreendendo os contextos culturais nos quais elas se inserem. (p.41)

Assim, o professor Amurabi fecha esse primeiro capítulo, reconhecendo a importância do diálogo entre áreas. A partir da noção de cultura, considera a possibilidade de contribuição da etnografia nos estudos dos fenômenos educacionais.

Ao seguir na trilha dessa viagem que apenas se inicia, o segundo e o terceiro capítulos colocam o leitor e aprendiz desse caminhar para pensar o campo em sua natureza e como desafio da caminhada, já que aquele cuja experiência o torna um mestre reconhece ser o campo, qualquer que seja, sempre único e sempre novo. Assim, nos preparativos para iniciar a jornada, destaca-se o fato de "que o treinamento etnográfico envolve o desenvolvimento de um determinado tipo de olhar, trata-se de uma aprendizagem no sentido mais amplo do termo" (p.43). Concorre, para tanto, a leitura de boas etnografias, o esboçar projetos de pesquisa nos quais a etnografia surge como uma possibilidade, porém não única. Importa construir a percepção de que o amadurecimento das perguntas será fundamental para orientar o olhar do aprendiz e do mestre que com ele caminha, mesmo num espaço supostamente conhecido como a escola, mas ao qual se impõe novos questionamentos. Nesse exercício, amadurece a perspectiva de que "a pesquisa não é exatamente [para] provar algo, pois ela é um salto no escuro, implica na tentativa de conhecer o que é desconhecido, ou analisar o que é conhecido por um novo ângulo" (p.45).

Valem as perguntas que dirigimos ao contexto, no caso da escola, e o que supomos possam ser as respostas no ponto de chegada, mas deixando em aberto que outras perguntas e respostas se façam presentes a partir de levantamentos de diversos materiais disponíveis, sujeitos a uma análise criteriosa. Por sua vez, outros passos significativos se farão necessário para o adensamento dos critérios que visam eleger o campo, antes mesmo de aí estar o pesquisador. O campo existe, portanto, antes mesmo do próprio campo, bem como resulta desse conhecimento prévio a definição de um espaço determinado como universo a ser pesquisado. Um campo está sempre sujeito a limitações de uma realidade cujos aspectos, em sua totalidade, não podem ser considerados a priori. Nesse sentido, o projeto de pesquisa não deve ser uma camisa de força a impedir mudanças, mas, pelo contrário, deve ser passível de transformação e mesmo de reestruturação de acordo com elementos inesperados que a realidade concreta coloca diante do pesquisador. Só assim, a construção do marco teórico e o diálogo com autores, nem sempre previsto com anterioridade, se fazem necessários para articular a teoria e a empiria presentes na realidade em análise.

Contudo, para além do preparo objetivo para ir a campo, deve-se estar alerta para a subjetividade que acompanha o pesquisador e que também está presente entre os sujeitos observados. Daí a importância de se "estar bem-informado sobre a realidade local, seus dilemas e sua linguagem" (p.63), fato que dinamiza a compreensão de cada realidade escolar, à medida que o pesquisador se deixa contaminar como sujeito observador, mas tendo consciência de qual é seu lugar de olhar e ouvir a realidade à sua volta.

Diante desse contexto, o professor Amurabi lembra ao sujeito aprendiz de pesquisas etnográficas em educação o papel e o significado da ética, uma vez que fazemos pesquisas *com* pessoas e isto implica que "desafios impostos pelo debate da ética em pesquisa devem abarcar [a] pluralidade" (p.69) da vida social e, ainda, considerar seus diferentes cenários. Desse modo, alerta-se para a necessidade de que a "reflexão sobre os recursos metodológicos e a ética em pesquisa pressupõe, sobretudo na pesquisa etnográfica, um conhecimento sobre o contexto social, político e cultural da realidade de seus sujeitos de pesquisa" (p.70). De tudo isso, depende "a aceitação em campo [que] possui inúmeras sutilezas que se vinculam à natureza de nossa pesquisa, bem como aos sujeitos dela" (p.74). Os percalços possíveis dessa caminhada são abordados pelo autor com detalhes precisos de quem sabe os desafios do campo e aponta atitudes necessárias para o bom andamento de uma investigação que coloca face a face diferentes sujeitos, suas histórias de vida e os interesses de uma relação de troca e compartilhamento.

O que observar na escola é o núcleo do debate no quarto capítulo deste livro, fundamental à aprendizagem do fazer etnográfico entre educadores, posto que "em estando lá" no universo da escola, o pesquisador se confronta com fatos inesperados, e seu agir se torna dependente de sua formação mas, também, "reside, justamente, na capacidade de operacionalizar o singular e local com o geral, ou ainda, segundo Mauss (1993), na capacidade de realizar uma observação tão completa, tão desenvolvida quanto possível, sem nada omitir. Nessa direção, a etnografia escolar envolve tanto uma descrição da cultura escolar quanto da cultura da escola" (p.80), fato que, por mais simples que pareça, pode complicar o estar em campo. Assim, o autor nos alerta para ter presente que "casos estudados não são casos particulares e isolados simplesmente, mas que se relacionam a outros fenômenos sociais, se inserem em uma teia de relações, que para captá-la é necessário estar com outros, estar disposto a ouvi-los e entender o sentido que eles atribuem a suas práticas" (p.80).

Fundamental nessa perspectiva é a compreensão de que, "É necessário observar o que faz daquela escola uma escola, ou seja, todas as práticas que envolvem as instituições escolares e que aqui são replicadas. Ao mesmo tempo, deve-se atentar para o que faz daquela escola *aquela* escola, no sentido de compreender como tais práticas são realmente vivenciadas pela comunidade escolar" (p.81). Segundo o autor, só assim, podemos compreender como os fatos se relacionam entre si. O autor nos brinda com exemplos que alargam a compreensão do observar, agir e interagir quando em campo; de como superar "mal--entendidos" e transformar "a observação etnográfica [que] assenta-se no entrelaçamento de perceber, memorizar e anotar" (p.83) em fazeres imprescindíveis da prática etnográfica.

Com isso em tela, o professor Amurabi Oliveira discorre sobre algumas ferramentas, como a entrevista, o registro visual, o desenho, a fotografia e acervos de registros da escola (por exemplo de formaturas e festas), e o que elas possibilitam como diálogo com sujeitos do espaço escolar, do mesmo modo que, como memória e lembranças, falam, também, do universo pesquisado. Nesse sentido, o uso desses registros, ao incentivar o diálogo com os sujeitos da pesquisa, faz circular as imagens e "possibilita um melhor entrelaçamento entre o que se vê, o que se ouve e o que se escreve, o que é fundamental para esse tipo de pesquisa" (p.91).

Na busca de entrelaçar seu próprio conhecimento e formação, no intuito de compartilhar o seu conhecimento da prática antropológica no fazer de pesquisas etnográficas em educação, o autor chega ao final dessa viagem, trilhando uma etapa final e necessária que é o ato da análise e da escrita. O quinto capítulo da presente obra é, então, o momento imprescindível que fala dos passos anteriores e da escrita como algo que se entrelaça num movimento que embaralha, no bom sentido, o fazer etnográfico não como etapas estanques e necessárias, mas como fazeres que "misturam" os diversos momentos.

Assim, a escrita se faz no antes, no durante e no fim da pesquisa, por meio de recursos como o diário de campo e o como ele se coloca no interior da análise que sustenta o relatório final da pesquisa, uma dissertação, uma tese e mesmo um livro: "parto de uma compreensão de que a escrita etnográfica possui diferentes momentos, sendo o diário um deles, de modo que considero importante refletir de forma conjunta sobre ele e sobre a tese. Essa organização também reflete minha posição nesse debate, que tende a pensar o diário, a reflexão etnográfica e a escrita da tese de forma articulada" (p.93).

O autor faz um paralelo com os diários de classe, conhecidos dos professores, e diz que a função do diário de campo, principal ferramenta do pesquisador, "possui uma função similar, visto que registra o cotidiano do pesquisador em campo. Registra-se nele o que foi observado, as interações, as impressões, ideias, esquemas mentais. Ele acompanha o pesquisador desde as ideias iniciais de sua pesquisa até sua conclusão, devendo ser lido e relido continuamente (sempre cabendo mais anotações)" (p.93). Com isso, cabe registrar desde fatos até sentimentos que acontecem na relação com os sujeitos investigados, bem como que acontecem no cotidiano da pesquisa e na realidade investigada. Há formas de organizar tais registros, ainda que não sejam regidos por regras fixas e absolutas.

Amurabi Oliveira discorre sobre algumas experiências de registro e diz que o diário de campo deve registrar ao máximo as venturas e desventuras do campo para que a "leitura e releitura tenha um caráter profundamente reflexivo, que nos leve a repensar o espaço escolar, suas dinâmicas e suas relações de poder (Sales; Beserra, 2019)" (p.94). Apesar das imensas possibilidades que um diário de campo possibilita, importa, segundo o autor, ter presente que ele não é a escrita final da investigação, da pesquisa.

Há um caminho a ser percorrido do diário à dissertação e/ou tese que implica "uma relação constituída da inter-relação entre a observação (campo) e a análise (escrita)" (p.97). Assim, a escrita envolve um processo de aprendizagem entre o que se aprende e o como contar o que se aprende. A escrita etnográfica se elabora tanto do ir à campo como pela volta para casa, quando se sistematiza o que se viu, ouviu e vivenciou. No momento da escrita, importa, ainda, pensar as relações entre a empiria e a teoria a partir de uma base sólida do "contexto escolar [pois que o mesmo] nos demanda também um bom conhecimento teórico sobre os debates próprios sobre o sistema de ensino" (p.98).

Vale, ainda lembrar que "uma coisa é a experiência de estar em campo, realizar anotações sobre esse período, outra coisa é escrever sobre ela" (p.101), nos alertando de que "a etnografia constitui um modo particular de produzir conhecimento para conhecermos determinada realidade, ainda quando estamos referindo-nos a algo que nos é familiar. A ideia é que ela apresentaria a possibilidade de enxergarmos a partir de um novo ângulo questões que estão latentes no campo" (p.100).

O autor, até aqui, quando nos aproximamos do final desta obra, não fugiu de seu compromisso com o coletivo, seja de outros teóricos, outros sujeitos e mesmo de seus alunos, que em diferentes momentos e passagens enriquecem o diálogo proposto por este instigante livro. A obra nos brinda com conteúdo que não apenas ensina, mas possibilita um avanço pedagógico para docentes no preparo de aulas, com o qual poderá formar seus alunos na senda do fazer etnográfico na educação. Por tudo que foi dito até aqui e, como diz o autor em suas Considerações Finais, este livro não apenas contribui "para o diálogo entre a antropologia e a educação, e de forma mais específica para o debate sobre a produção de etnografias em contextos escolares" (p.105), ele vai além: proporciona desdobramentos pedagógicos para estudantes, docentes e educadores para a revisão de suas práticas em busca de entender o ser humano em convivência coletiva (Peirano, 1983) no campo do ensinar e pesquisar, e assim transformar a realidade em busca de um mundo melhor.

Espero que muitos outros leitores tenham o prazer que tive com a leitura desta obra, e que eles posso usufruir da tarefa a que se propôs o autor: a de contribuir para o diálogo entre antropologia e educação. Se, como diz o autor, "faz parte da natureza da pesquisa etnográfica a surpresa, o espanto, a descoberta" (p.106), é esse o impacto que julgo estar presente também neste livro, que proporciona uma situação de ensinar-e-aprender, ao mesmo tempo que nos leva a aprender para ensinar aprendendo, como diria Paulo Freire.

Concluo, com o mestre Brandão (2022):[2]

> O que torna única a experiência da educação é que, mesmo quando exista uma situação nítida de ensinar-e-aprender, em que alguém é claramente um mestre, um professor, um educador, e um outro é um discípulo, um aluno, um educando, a relação de aprender-ensinar-aprender pode e deve ser vivida como uma troca. Como uma transação de saberes e como uma negociação de sentidos. Como um diálogo, enfim.

É assim, com que este livro, o professor Amurabi Oliveira cumpre uma missão das mais significativas no contexto humano e, em particular, na antropologia e na educação, pois que, sendo mestre, professor e educador, não individualiza seu saber, mas o toma como ponte que

---

2 Texto inédito de troca em grupo de estudos pelo professor Carlos Rodrigues Brandão, sem título ou página de referência.

cruza rios, transpassa as encruzilhadas e transita a partir do princípio de troca, compartilhamento e diálogo coletivo. Esta obra pode e deve ser lida como verdadeiro ato educativo e pedagógico!

Neusa M. M. Gusmão
Setembro, 2022

REFERÊNCIAS

BRADÃO, C. R. Carta Pedagógica de Carlos Rodrigues Brandão. In: PAULO, F. dos S.; GAIO, A. (orgs.). *Educação popular nas cartas do educador Carlos Rodrigues Brandão* – Contribuições para a pedagogia latino-americana. Chapecó--SC: Editora Livrologia, 2021. p.10-14.

PEIRANO, M. Etnocentrismo às avessas: o conceito de "sociedade complexa". *Dados – Revista de Ciências Sociais*, Rio de Janeiro, v.26, n.1, p.97-115, 1983.

Introdução

Este livro parte do princípio que refletir sobre a pesquisa, e sobre os modos de pesquisar, deve ser um exercício contínuo, que se realiza de maneira não apenas autorreflexiva, como também (e principalmente) coletivamente em diferentes espaços. No campo educacional, tem-se reconhecido cada vez mais o papel central da pesquisa na formação docente, bem como a necessidade de realizar diálogos com diferentes campos disciplinares, o que também motiva a escrita deste trabalho. Circunscrevo-me aqui na interface entre as ciências sociais e a educação, ou mais especificamente, entre a antropologia e a educação, reconhecendo que o diálogo nem sempre é fácil entre essas duas áreas (Gusmão, 1997; 2006), mas que, no entanto, mostra-se fundamental para pensarmos as práticas educativas. Desenvolvo ainda meu trabalho em um amplo diálogo também com a sociologia (meu doutorado é nessa área, embora orientado por um antropólogo). Porém, diferentemente da compreensão de Lévi-Strauss (2008), que coloca a sociologia como a ciência social do observador e a antropologia como a ciência social do observado, eu não realizo tal distinção e tento articular essas duas dimensões.

Para escrever este trabalho – que se propõe a ser uma modesta contribuição ao debate da antropologia da educação e da formação inicial de professores – parto de minha experiência como docente tanto do curso de licenciatura em Pedagogia e da pós-graduação em Educação quanto no âmbito das ciências sociais, nas quais tenho me dedicado a formar especialistas em educação. Portanto, venho atuando como um mensageiro entre os dois campos, trazendo o debate desde a antropologia para a educação e da educação para as ciências sociais. Todavia, minha experiência também é constituída com outros diálogos, com minha vivência de professor da educação básica e de pesquisador em campo, e com a troca acadêmica e afetiva com diversos cientistas sociais da educação, sobretudo, com antropólogos dedicados à pesquisa educacional, muitos vinculados às faculdades de Educação e tantos outros aos departamentos de Antropologia/Ciências Sociais.

Não se trata de propor um manual no sentido estrito sobre como produzir etnografias em contextos educacionais, pois, a rigor poderíamos dizer que não há como ensinar alguém a fazer uma etnografia (Peirano, 1995), nem como produzir um manual de pesquisa antropológica (Gama; Fleischer, 2016). Porém é possível apontar para certas discussões, princípios e caminhos que viabilizem esse processo, o desenvolvimento dessa forma de conhecimento que é a etnografia. Proponho, assim, uma reflexão sobre as diversas etapas da pesquisa, sempre tendo como horizonte a etnografia em contextos educacionais.

Tendo como objetivo viabilizar esse feito para meu leitor, a escrita deste livro adota um estilo marcado pelo uso de longas citações em alguns momentos, pois é necessário compreender como outros etnógrafos encontraram seus caminhos na pesquisa de campo. Quero, portanto, que meus leitores tenham acesso a um texto polifônico, possibilitando um diálogo com diferentes pesquisadores.

A esquematização aqui proposta possui um caráter didático, apresentando certas questões próprias da pesquisa etnográfica, principalmente para professores em formação que não possuem instrução específica no campo das ciências sociais, ainda que possa interessar também públicos mais amplos, como cientistas sociais ou pós-graduandos em Educação e áreas correlatas. Porém isso não significa, em absoluto, que essa organização reflita uma compreensão de que o desenvolvimento de uma pesquisa etnográfica possa ser simplesmente resumido a um "passo a passo". Como bem indicam Roberti Junior, Cariaga e Segata (2015, p.117):

> Neste sentido é pouco produtivo pensar a trajetória da pesquisa como um movimento linear que estabelece definições sobre um pretenso passo a passo, fixando o local da pesquisa de campo, o lugar das teorias, dos

métodos e por fim, da escrita. Essa leitura termina por esvaziar a capacidade reflexiva da antropologia, isto é, criando domínios ontológicos distintos para a antropologia e para etnografia [...]. Problematizar sobre isto talvez seja a postura de uma antropologia como (in)disciplina preocupada com o movimento das e nas relações, ou seja, antes uma aposta na potência das partes do que na crença sobre a existência do todo.

Reconhece-se essa não linearidade da pesquisa. Do mesmo modo, este livro não se propõe a transformar profissionais da educação em antropólogos – ainda que sejam recorrentes os casos de pesquisadores que se convertem a essa disciplina –, pois para tanto se demandaria um maior esforço formativo, ainda que seria satisfatório saber que meu trabalho possa ter o potencial de despertar paixões em alguns leitores. Nessa direção, tendo a coadunar com afirmação de Dauster (2004, p.204), ao refletir sobre sua longa experiência como antropóloga atuando no campo educacional:

> Do meu ponto de vista, ao considerar a migração da antropologia para o campo da educação, não se trata de transformar o profissional da educação em antropólogo na sua atividade docente ou de pesquisador e autor de uma tese ou dissertação, como já sugeri. Fica, contudo, posto o desafio de partilhar com esse profissional a apreensão de outras relações e posturas no exercício de leituras dos fenômenos tidos como de socialização ou de educação. Na pesquisa, em todos os sentidos, abre-se, assim, o horizonte da construção do objeto segundo uma outra ótica e a partir de outras atitudes e formas de problematizar apropriadas do campo antropológico e de sua prática, a saber, a observação participante.

Porém, mesmo sem possuir essa finalidade neste trabalho, entendo que é possível, sim, formar bons etnógrafos em diferentes campos disciplinares por meio do diálogo com a antropologia. Esse diálogo se faz necessário porque também é um *a priori* deste livro a indissociabilidade entre teoria e metodologia. Mais que isso, compreendo, sim, que a etnografia não é um "método" ou uma "técnica" (Peirano, 2008), é sim uma forma de produzir conhecimento. Um conhecimento que é produzido não sobre as pessoas, mas com as pessoas. Ou, como nos coloca Ingold (2015, p.345):

Os relatos que produz, de vida de outras pessoas, são trabalhos acabados, não matérias-primas para posterior análise antropológica. Mas se a etnografia não é um meio para o fim da antropologia, então tampouco a antropologia é serva da etnografia. Repito, a antropologia é uma investigação sobre as condições e possibilidades de vida humana no mundo; não é – como tantos estudiosos em campos de crítica literária considerariam – o estudo de como escrever etnografia, ou da problemática reflexiva da mudança da observação para a descrição.

Acredito que esse processo tenha muito a contribuir para o campo da educação, e por isso me posiciono afirmativamente na direção de indicar que é possível produzir etnografias em contextos educacionais (Oliveira, A., 2013). Como bem aponta Rosistolato (2018), há uma bifurcação entre os pesquisadores do campo da educação, por um lado, aqueles que seguem a linha inaugurada por André (1995) no Brasil e defendem que haveria apenas pesquisas "do tipo etnográfico" em educação, por outro, aqueles que defendem a realização de pesquisas etnográficas em educação. Este livro insere-se abertamente no segundo grupo descrito por Rosistolato, buscando dialogar ao mesmo tempo com antropólogos e com profissionais da educação.

Apesar de avolumarem-se as defesas à pesquisa etnográfica em educação, bem como as críticas à ideia de pesquisa "do tipo etnográfico", o que tem sido realizado principalmente por meio de artigos e coletâneas, creio que ainda faltava um trabalho que se propusesse a realizar essa ponte de forma mais enfática. Esse esforço realiza-se compreendendo que é fundamental produzir conhecimento a partir do "chão da escola", mas ao mesmo tempo não se restringir a ele (Pereira, 2017).

O exercício ao qual se propõe este livro considera ainda algumas outras questões preliminares que são importantes de ser esclarecidas para o leitor: a) estamos nos voltando aqui para a pesquisa em educação no sentido amplo do termo, porém o foco principal é a educação em contexto escolar, considerando a centralidade que ela assume no âmbito da formação de professores; b) compreende-se que a etnografia vai além do trabalho de campo com observação participante (Giumbelli, 2002), mas é, sobretudo, a partir desse tipo particular de produção etnográfica que se desenvolve a reflexão neste livro.

Como a própria Associação Brasileira de Antropologia (ABA) reconhece, a pesquisa nesse campo pode envolver uma ampla gama de recursos metodológicos para sua realização. No fazer antropológico, para dar conta da complexidade da relação entre o grupo social estudado e o seu território, abarcando formas de organização social, modos de pensar e sentir, práticas e experiências cotidianas, podem ser utilizadas diversas técnicas e procedimentos de investigação, tais como: censos demográficos, entrevistas, levantamentos genealógicos, de trajetórias e de memórias individuais e coletivas, identificação de elementos relevantes em termos de uso e ocupação do território, produção de registros escritos (cadernos de campo), gravados e imagéticos, observação direta e participante, levantamentos bibliográficos e documentais, entre outras. Ressalta-se que tais técnicas e procedimentos devem sempre respeitar o ritmo da cotidianidade dos indivíduos e das comunidades e deverão ser acionados pelos(as) antropólogos(as) em conformidade com contextos e situações sociais específicos, respeitando-se suas particularidades.

Tais técnicas e procedimentos comumente são utilizados à luz das teorias antropológicas, visando à construção da própria etnografia e à sustentação da argumentação. O recurso a arcabouços e referenciais teóricos sobre as várias dimensões da vida social (parentesco, processos técnicos, economia, sociabilidade, religião, política, cosmologia, representações sociais, entre outros) e sobre distintos grupos coletivos e segmentos (diferenciados por questões étnicas, raciais, de gênero, geracionais etc.) tem corroborado a construção etnográfica, levando-se em consideração os históricos de interações em diversas escalas sociais e territoriais (ABA, 2015, p.21).

Fugiria ao escopo deste trabalho tratar de todos esses recursos metodológicos. É importante, contudo, que o leitor saiba que eles existem, para que não possa ter ao final desta leitura uma visão estreita sobre a antropologia e a etnografia. Ademais, como já anunciado, este livro não se propõe a ser um manual a rigor, mas sim um guia reflexivo sobre o desenvolvimento de etnografias em educação, especialmente no contexto escolar.

Para uma melhor organização das ideias que pretendo desenvolver aqui, organizei o livro em cinco capítulos. No primeiro, realizo uma contextualização mais geral sobre a etnografia, visando apresentá-la para os profissionais da educação e situando-a no campo educacional de maneira afirmativa, destacando alguns de seus desafios, principalmente no que diz respeito à observação de uma realidade que nos é tão familiar como a escola. No segundo capítulo, apresento algumas questões que antecedem ao campo, como a formulação do projeto de pesquisa e a escolha do campo. Em seguida, no terceiro capítulo, trato da chegada em campo, ainda envolvendo alguns preparativos, e o processo de aceitação pelos sujeitos de pesquisa, além de levantar um debate sobre ética em pesquisa, que optei por situar nesse capítulo por compreender que isso nos remete a um debate atual acerca das demandas burocráticas e institucionais que têm sido colocadas para as pesquisas com seres humanos. No quarto capítulo, exploro questões próprias do campo em si, como o processo de observação e alguns recursos a ser utilizados, como entrevistas e o registro visual. Por fim, no quinto capítulo, trato da escrita etnográfica, pensada a partir de dois movimentos, da escrita do diário de campo e do movimento de partir do diário para a tese. Finalmente, na Conclusão, realiza-se um duplo movimento: o de negar que a etnografia possa ser reduzida a uma técnica e o de reforçar seu caráter afirmativo no campo educacional.

Acredito que essas diversas reflexões podem trazer uma contribuição relevante para a construção do diálogo entre a antropologia e a educação, principalmente no âmbito da formação docente. Mais que isso, acredito também que o próprio fazer etnográfico deve ser pensado como um processo de aprendizado, e que eventualmente também pode ser utilizado como recurso didático em sala de aula (Oliveira, A., 2012; Carniel; Rapchan, 2018). O central deste livro é, portanto, colaborar para o advento de novas pesquisas em educação, refletindo sobre um modo específico de produção do conhecimento, a etnografia.

1

Contextualizando etnografia para educadores

ETNOGRAFIA E ANTROPOLOGIA: UM DEBATE PRELIMINAR

Começar a explicar a etnografia para alguém me parece sempre um exercício relativamente complexo. Se quisermos simplificar, podemos recorrer à origem grega da palavra, o que nos levaria a: ἔθνος, *ethno* – nação, povo e γράφειν, *graphein* – escrever. Nesse sentido, etnografia seria simplesmente o exercício de escrever sobre um povo, um grupo ou uma cultura. Obviamente que seria precipitado apegarmo-nos a essa definição tão formal, uma vez que:

> A descrição vai muito além de um simples catálogo de hábitos e costumes. Ao adensar as descrições, dando uma agência histórica real às pessoas que nelas figuram, pode-se qualificar o sentido em que estas podem ser consideradas científicas. A descrição etnográfica, pode-se dizer, é mais uma arte que uma ciência, mas não menos precisa ou verdadeira. (Ingold, 2017, p.406).

Tais questões levantadas por Ingold (2017) são relevantes, pois nos convida a pensarmos a própria cultura de maneira mais adensada. Dito isto, devemos enfatizar a inseparabilidade entre cultura e educação em termos empíricos e analíticos, uma vez que não há prática educativa que ocorra fora das práticas culturais (Candau, 2010). Portanto, seria artificial impor uma divisão de tarefa na qual antropólogos simplesmente se ocupam do estudo da cultura, e educadores, da educação, uma vez que a própria educação deve ser compreendida como uma prática cultural (Brandão, C. R., 2004).

Em meio a esse debate, tornou-se célebre o conceito de Geertz (1989) de cultura como uma teia de significados; sua ideia é de que o trabalho antropológico consiste, justamente, na tentativa de captar os sentidos elaborados pelos nativos, e que o pesquisador apenas realizaria uma leitura de segunda mão da cultura (uma interpretação da interpretação), já que a leitura em primeira mão quem realiza é nativo. Em trabalho posterior, o autor nos aponta para algumas lições que teria aprendido em campo:

1. A antropologia, pelo menos a que eu professo e pratico, impõe uma vida seriamente dividida. As habilidades necessárias na sala de aula e as exigidas em campo são bem diferentes. O sucesso num ambiente não garante sucesso no outro e vice-versa.

2. O estudo das culturas de outros povos (e também da nossa, mas isso levanta outras questões) implica descrever quem eles pensam que são, o que pensam que estão fazendo, e com que finalidade pensam que o que estão fazendo – algo bem menos direto do que sugerem os cânones usuais da etnografia feita de notas e indagações ou, a rigor, o impressionismo exuberante dos "estudos culturais" da pop art.

3. Para descobrir quem as pessoas pensam que são, o que pensam que estão fazendo e com que finalidade pensam o que estão fazendo, é necessário adquirir uma familiaridade operacional com os conjuntos de significado em meio aos quais elas levam suas vidas. Isso não requer sentir como os outros ou pensar como eles, o que é simplesmente impossível. Nem virar nativo, o que é uma tarefa impraticável e inevitavelmente falsa. Requer aprender como viver com eles, sendo de outro lugar e tendo um mundo próprio diferente. (Geertz, 2001, p.26)

Tais lições parecem apontar para um papel importante da etnografia no fazer antropológico, uma vez que a ideia de "aprender como viver com eles" nos remete ao fazer etnográfico, cuja indissociabilidade entre descrição e interpretação deve ser continuamente rememorada. Quando meus estudantes, por vezes, me indagam se a etnografia é "mera descrição", tendo a responder que não existe a possibilidade de descrever a cultura sem interpretá-la; toda descrição pressupõe uma interpretação.

Em que pese a compreensão de que não é possível dissociar a etnografia da antropologia, pois seria um equívoco desvincular teoria e método (Valente, 1996), a antropologia não pode ser reduzida à etnografia. Há pesquisas antropológicas que se utilizam de fontes históricas, ou mesmo de outros tipos de observação que não a participante (Giumbelli, 2002). Esta questão é profunda ao pensarmos o processo de incorporação da etnografia por outros campos disciplinares, sendo a educação um deles.

Quero dizer com isso que compreender que, apesar das conexões, não há uma simples equivalência entre a antropologia e a educação nos possibilita pensarmos a formação de etnógrafos em diferentes espaços institucionais. Dauster (2015), ao desenvolver seu trabalho de orientação antropológica em educação, compreende que é possível formar etnógrafos fora do campo das ciências sociais, por exemplo, no da educação.

Claro que tal distinção entre etnografia e antropologia se vincula às diversas tradições no pensamento antropológico, como bem podemos observar ante as várias nomenclaturas utilizadas para as diferentes tradições nacionais, tais como: Antropologia Social (Inglaterra e parte da Europa); Antropologia Cultural (Estados Unidos); Etnologia (França), entre outras.

"IMAGINE O LEITOR SOZINHO..."

Ainda que não nos interesse aqui realizar um longo apanhado histórico do debate sobre a etnografia, é fundamental conhecer aquele que é considerado o marco fundamental no trabalho etnográfico: o livro *Os argonautas do Pacífico Ocidental* (1971 [1922]), escrito pelo antropólogo Bronislaw Malinowski (1884-1942), que relata seu trabalho de campo realizado entre 1915 e 1918 com trobriandeses. Esse trabalho ganha relevância pois inaugura a sistematização do trabalho etnográfico nos moldes que conhecemos hoje.

Malinowski, todavia, não é aquele que funda o trabalho de campo. Quando o antropólogo polonês chegou à Inglaterra, encontrou a antropologia em plena efervescência, Radcliffe-Brown (1881-1954) tinha acabado de concluir sua pesquisa sobre os Andamaneses, realizada entre

1906 e 1908, cujos resultados também foram publicados em 1922.[1] Os fundamentos da pesquisa de campo sistemática implicaram numa guinada radical com relação ao que vinha sendo praticado na antropologia naquele momento, ainda impregnada pela escola evolucionista e pela escola difusionista.

Se até então predominava uma metodologia de pesquisa orientada pelo contato intermediado por alguns poucos informantes e pela observação pontual, Malinowski estabelece a ideia de observação participante no sentido etnográfico do termo. O contato direto (e prolongado) com o outro era então um elemento fundamental para compreender esse outro. Para que fosse possível assimilar melhor seus passos, a introdução de seu trabalho tem o seguinte subtítulo: "Tema, método e objetivo desta pesquisa". Talvez uma das passagens mais famosas dessa obra seja a seguinte:

> Imagine-se o leitor sozinho, rodeado apenas de seu equipamento, numa praia tropical próxima a uma aldeia nativa, vendo a lancha ou o barco que o trouxe afastar-se no mar até desaparecer de vista. Tendo encontrado um lugar para morar no alojamento de algum homem branco – negociante ou missionário – você nada tem para fazer a não ser iniciar imediatamente seu trabalho etnográfico. Suponhamos, além disso, que você seja apenas um principiante, sem nenhuma experiência, sem roteiro e sem ninguém que o possa auxiliar – pois o homem branco está temporariamente ausente ou, então, não se dispõe a perder tempo com você. Isso descreve exatamente minha iniciação na pesquisa de campo, no litoral sul da Nova Guiné. (Malinowski, 1978, p.19)

Essa narrativa elaborada por Malinowski parece criar uma identificação imediata com o leitor que está começando seu trabalho de campo. Obviamente que as condições de trabalho de campo são outras atualmente, uma vez que a própria relação com os chamados nativos também se modificou (Geertz, 2001); muitos dos sujeitos que integravam grupos que historicamente eram "objeto de estudo" da antropologia passaram também a escrever suas próprias etnografias (Silva, V. G., 1994). Devemos considerar ainda a associação que houve entre o

---

1 O trabalho foi intitulado de *The Andaman Islanders; a Study in Social Anthropology*.

desenvolvimento da antropologia e o próprio colonialismo, de modo que essas relações não podem ser ignoradas ao analisarmos o desenvolvimento da antropologia social britânica (Kuper, 1978). Mais adiante, ainda na introdução de seu livro, Malinowski, (1978, p.20) coloca a seguinte questão:

Qual é, então, esta magia do etnógrafo, com a qual ele consegue evocar o verdadeiro espírito dos nativos, numa visão autêntica da vida tribal? Como sempre, só se pode obter êxito através da aplicação sistemática e paciente de algumas regras de bom senso assim como de princípios científicos bem conhecidos, e não pela descoberta de qualquer atalho maravilhoso que conduza ao resultado desejado, sem esforços e sem problemas. Os princípios metodológicos podem ser agrupados em três unidades: em primeiro lugar, é lógico, o pesquisador deve possuir objetivos genuinamente científicos e conhecer os valores e critérios da etnografia moderna. Em segundo lugar, deve o pesquisador assegurar boas condições de trabalho, o que significa, basicamente, viver mesmo entre os nativos, sem depender de outros brancos. Finalmente, deve ele aplicar certos métodos especiais de coleta, manipulação e registro da evidência.

Tais recomendações, obviamente, podem e devem ser relativizadas, não apenas com relação ao trabalho de campo realizado em outra temporalidade e outro espaço, mas também em relação à aura mitológica que sua descrição assumiu na história da antropologia. Como nos coloca Kuper (2005, p.2010):

É claro que há nisto uma componente de construção mítica. Não há dúvida de que o estudo dos trobriandeses se tornou uma pedra de toque para os seus alunos, mas alguns chamaram a atenção para o fato de Malinowski não ter seguido as suas próprias fórmulas enquanto realizava o seu trabalho de campo. Michael Young concluiu que "a sua tenda esteve desmontada durante quase metade do tempo que permaneceu em Kiriwina" (Young, 2004, p.502). Poder-se-ia também afirmar que a originalidade metodológica de Malinowski reside noutro aspecto, na sua insistência na ideia de que os etnógrafos deveriam fornecer aquilo a que chamou documentação concreta, tais como mapas, medições, gráficos sinópticos multicoloridos, diários da horticultura e textos nas línguas locais, e de que deveriam construir fatos sintéticos, informados por considerações teóricas, e tratar problemas ("problemas, e não povos") teoricamente interessantes.

Podemos afirmar, portanto, que o que Malinowski fez foi realizar uma guinada epistemológica, que redireciona a pesquisa à "concretude" dos sujeitos, o que não foi necessariamente bem recebido de imediato por seus pares. Como pondera Peirano (2008), por muito tempo ele foi considerado teoricamente falso e demasiadamente empírico.

Todavia, penso que é possível pensarmos, no campo educacional, que a contribuição da etnografia, tal como proposta por Malinowski, reside na possibilidade de rompermos com certo "abstracionismo pedagógico" (Azanha, 1992), e irmos ao encontro dos agentes escolares "como eles são". Ainda em *Os argonautas*, Malinowski coloca explicitamente que, ao captarmos a visão do outro, estamos também alargando nossa própria visão de mundo, o que me parece ser um pressuposto de relevância para o desenvolvimento de pesquisas educacionais. Em todo o caso, em que pese a concretude proposta da descrição etnográfica, Geertz (2005) nos chama a atenção para o fato ela é sempre uma ficção, no sentido de ser uma construção do autor, sua capacidade de convencer o leitor que ele realmente "esteve lá".

Souza (2006, p.493), visando contribuir para o diálogo entre a antropologia e a educação, chega a traçar um paralelo entre o trabalho de Malinowski e de Paulo Freire (1921-1997), indicando que:

> o antropólogo e o mestre devem estar dispostos a ouvir, repensando sempre os conceitos que formulam, a relação da academia com a comunidade e, acima de tudo, evitando qualquer reducionismo ou distorção. [...] Daí a proposta dos conhecimentos antropológico-pedagógicos não se darem em pedestais, mas sempre na interrelação com esses *outros* ("nativos" e alunos). Daí também a premissa de, respeitando o saber "ingênuo" das classes populares, buscar ao máximo transformá-lo em curiosidade epistemológica.

Creio que a proposta desse diálogo aponta para uma questão relevante: a necessidade de se refletir sobre os aspectos antropológicos da educação. Ainda retomando as ideias de Freire, Romero (2010) nos indica que o educador pernambucano partia de uma concepção ampliada de educação. Particularmente acredito que esta vem a ser uma das principais contribuições da antropologia ao campo da educação: o alargamento semântico de seu conceito (Oliveira, A., 2014). Em trabalhos etnográficos, como os de Margaret Mead (1901-1978), fica evidente a concepção alargada de educação de que parte a antropologia, a partir da qual é possível desenvolver uma reflexão comparativa entre distintas formas de aprendizagem (Mead, 1961 [1928]; 2001 [1930]).

Quando o campo não é uma ilha deserta: observando o familiar

A complexificação do fazer etnográfico é inegável, pois, como já indicado, houve mudanças substanciais na relação entre antropólogo e nativo, bem como no redimensionamento do próprio campo de investigação. Isso é um elemento importante, a meu ver, para revermos posições que questionam a possibilidade de fazermos etnografia em educação, uma vez que não poderíamos realizar um trabalho de campo tal como Malinowski fez (André, 1995). Nesse sentido, é interessante a análise realizada por Peirano (2006), que afirma que no Brasil houve o deslocamento das pesquisas antropológicas baseadas numa alteridade radical para uma alteridade mínima, movimento que se inicia nos anos de 1960 e se acelera nas décadas de 1980 e 1990. Isso significa que há uma multiplicidade de situações nas quais se desenvolve a etnografia, uma vez que:

não é preciso tomar um barco, aportar em uma longínqua ilha de um arquipélago perdido para se realizar um bom trabalho de campo. Gilberto Velho, ao contribuir para a inauguração de uma vertente hoje extremamente influente (Velho, 2006, p.10) da antropologia brasileira, a antropologia urbana, o fez ao pesquisar um prédio do bairro de Copacabana, Rio de Janeiro, onde o pesquisador morara (Velho, 1973). Mauss (2003), por sua vez, teve um dos seus *insights* geniais quando estava hospitalizado. No hospital de Nova York detectou, nas enfermeiras norte-americanas, um jeito de andar que não lhe era de todo estranho. Depois de observá-las, chegou à conclusão que era o mesmo caminhar das atrizes nas produções cinematográficas daquele país (Mauss, [1935] 2003, p.403-4). É nesta situação, tão pouco usual, que o pai da antropologia francesa lança os pilares de um ramo fundamental de pesquisas dentro da disciplina, o estudo das técnicas corporais. (Pires, 2011, p.144)

Em meio a esse contexto, Gusmão (1997) aponta que os estudos de comunidade tiveram um papel fundamental no desenvolvimento de pesquisas antropológicas em educação a partir da segunda metade do século XX no Brasil, ainda que a interface entre a antropologia e a educação possua uma história bem anterior.

É interessante perceber, portanto, que tal deslocamento implicou no desenvolvimento de pesquisas etnográficas que não mais eram realizadas em uma "tribo distante" ou em uma "ilha deserta", mas sim no grupo social do qual os próprios antropólogos faziam parte. Esse deslizamento para o próximo, para o familiar, leva-nos a uma reflexão sobre os fundamentos epistemológicos da etnografia. Durham (2004), ao referir-se às pesquisas urbanas, pondera que a distância entre o pesquisador e os pesquisados é menor que nas situações etnográficas "mais tradicionais", o que altera a relação entre observação e participação, aproximando mais o etnógrafo deste segundo polo.

Esse tipo de reflexão tornou-se especialmente relevante no campo da chamada antropologia urbana, na qual se colocava como evidente a aproximação entre o etnógrafo e seus sujeitos de pesquisa.[2] DaMatta (1978) já havia apontado que o exercício etnográfico se põe diante de um duplo desafio, de ao mesmo tempo tornar o exótico em familiar e familiar em exótico. Velho (1981, p.126), buscando avançar nessa discussão, realiza a seguinte ponderação:

> O que sempre vemos e encontramos pode ser familiar mas não é necessariamente conhecido e o que não vemos e encontramos pode ser exótico mas, até certo ponto, conhecido. No entanto, estamos sempre

---

2   Não se quer negar com isso há diversos marcadores de diferença entre o etnógrafo e seus sujeitos de pesquisa (classe, raça, gênero etc.), tampouco que apenas no contexto urbano que essa proximidade ocorre. Busca-se enfatizar apenas como a antropologia urbana desenvolveu uma reflexão específica acerca da relação "observador/objeto", considerando as especificidades existentes.

pressupondo familiaridade e exotismo como fontes de conhecimento e desconhecimento, respectivamente.

Da janela do meu apartamento vejo na rua um grupo de nordestinos, trabalhadores da construção civil, enquanto alguns metros adiante conversam alguns surfistas. Na padaria há uma fila de empregadas domésticas, três senhoras de classe média conversam na porta do prédio em frente; dois militares atravessam a rua. Não há dúvida de que todos esses indivíduos e grupos fazem parte da paisagem, do cenário da rua, de modo geral estou habituado com sua presença, há uma familiaridade. Mas, por outro lado, o meu conhecimento a respeito de suas vidas, hábitos, crenças, valores, é altamente diferenciado. Não só o meu grau de familiaridade, nos termos de DaMatta, está longe de ser homogêneo, como o de conhecimento é muito desigual.

Percebamos que as questões que Velho lança desde a janela de seu apartamento, observando a paisagem cotidiana, poderiam ser aplicadas também a outras realidades, como a escolar. Os etnógrafos, antes de iniciarem suas pesquisas, já estiveram por anos nos bancos escolares, conhecem bem os agentes que participam daquela instituição, e conhecem profundamente o funcionamento da cultura escolar, no sentido que Bourdieu e Passeron (2008) atribuem ao termo. Porém a pergunta que persiste é: em que medida poderíamos afirmar que essa é uma realidade conhecida?

Mesmo quando inseridos em nossa própria cultura, devemos reconhecer que ela é distributiva (Barth, 2000), de tal modo que seria equivocado pressupor que aqueles indivíduos que partilham da mesma cultura vivenciam-na do mesmo modo. Mesmo no caso de "antropólogos nativos", de professores que realizam pesquisas etnográficas em instituições com as quais eles possuem certa familiaridade, esse caráter distributivo está posto. Considerando o que Magnani (2002) aponta acerca das pesquisas urbanas, que se propõem a conhecer etnograficamente determinada realidade de perto e por dentro, seria possível afirmar que, recorrentemente, no caso da etnografia em educação, o pesquisador conhece bem aquele espaço e seus agentes de perto, porém a proposta passa a ser não conhecer algo novo, mas conhecer de uma nova forma.

MAS, AFINAL, O QUE É UMA PESQUISA ETNOGRÁFICA?

Num texto seminal sobre a relação entre a antropologia e a educação, Gusmão (1997) coloca-nos que uma das principais dificuldades encontradas para a produção de diálogos entre esses dois campos é a divisão artificial entre teoria e prática, que tende a perceber a antropologia como pertencente ao primeiro polo e educação ao segundo. Esta falsa divisão dificulta a produção de diálogos entre as duas áreas, e, principalmente, o desenvolvimento de uma reflexão mais apurada sobre a incorporação da etnografia ao campo educacional.

Quando pensamos na etnografia, à primeira vista, em especial para aqueles não versados no campo da antropologia, podemos fazer uma referência simplesmente a uma dimensão técnica, como se a etnografia fosse uma forma de coletar dados. Contudo, essa perspectiva, extremamente recorrente, implica em um equívoco epistemológico profundo, pois os dados não estão simplesmente postos, prontos para serem coletados pelo pesquisador; a etnografia pressupõe não uma coleta, mas sim uma construção dos dados, que se dá em meio ao processo intersubjetivo que se estabelece entre pesquisador e pesquisado. A etnografia demanda a capacidade de compreender o que os outros pensam sobre o mundo, sobre si mesmos e, por que não?, sobre o pesquisador e o que ele está fazendo em campo.

Essa compreensão da etnografia baseia-se na ideia de indissociabilidade entre teoria e método, o que já foi aventado anteriormente. Isso quer dizer que não seria possível reduzir a etnografia a um método ou a uma técnica. Como nos coloca Peirano (2014, p.383):

> monografias não são resultado simplesmente de "métodos etnográficos"; elas são formulações *teórico-etnográficas*. Etnografia não é método; toda etnografia é também teoria. Aos alunos sempre alerta para que desconfiem da afirmação de que um trabalho usou (ou usará) o "método etnográfico", porque essa afirmação só é válida para os não iniciados. Se é boa etnografia, será também contribuição teórica; mas se for uma descrição jornalística, ou uma curiosidade a mais no mundo de hoje, não trará nenhum aporte teórico.

Compreendo com isso que não é possível descrever uma realidade sem interpretá-la, sem formular teoricamente chaves para sua compreensão. Eventualmente, a descrição etnográfica pode deter-se em aspectos que ganhariam pouca relevância em outras abordagens, mas que ao serem evidenciados e interpretados conectam-se a outros elementos, dando sentido a um conjunto de informações que pareciam em princípio desconectadas.

Claro que podemos pensar passos que nos levam à construção de uma etnografia, e Roberto Cardoso de Oliveira (2006) nos dá algumas pistas deste processo. Ele nos aponta o que denomina de *atos cognitivos* do trabalho antropológico: *olhar, ouvir* e *escrever*. Nos dois primeiros, realiza-se nossa *percepção*, ao passo que será no ato de escrever que nosso *pensamento* produzirá um discurso. O olhar e o ouvir são, na perspectiva do autor, faculdades complementares que possibilitam o caminhar na pesquisa, devendo ser destacado que o processo de aprendizado teórico leva à produção de olhar treinado, que modifica a própria forma como enxergamos o nosso objeto.

No que tange ao processo de escrita, R. C. de Oliveira (2006) ainda nos indica que a textualização da cultura é uma tarefa complexa, e a esse respeito, mais especificamente a composição elaborada pelo antropólogo envolvendo esses três *atos cognitivos*. O autor nos aponta que tais atos são comprometidos com o próprio horizonte da disciplina, portanto, o que o etnógrafo realiza em campo conecta-se a um sistema de ideias e valores.

Levando-se em conta tais aspectos, é importante também considerar que a observação participante, assim como o trabalho de campo, não são simples sinônimos de etnografia. Segundo Ingold (2016), a observação participante pressupõe uma sequência de ações, observa-se e participa-se, na etnografia observa-se participando, observa-se desde dentro. Ao mesmo tempo, diferencia-se do trabalho de campo simplesmente, uma vez que este apenas emerge como tal quando não se está mais lá, quando se começa a escrever sobre ele. Ainda segundo o autor:

Certamente, a antropologia não pode aceitar passivamente essa partilha entre conhecer e ser. Mais que qualquer outra disciplina das ciências humanas, detém os meios e a determinação para mostrar como o conhecimento emerge a partir das encruzilhadas de vidas vividas junto com outros. Como bem se sabe, esse conhecimento consiste não em proposições sobre o mundo, mas em habilidades de percepção e capacidades de julgamento que se desenvolvem no decorrer de engajamentos diretos, práticos e sensíveis com aquilo que está à volta. Isso enterra, de uma vez por todas, a falácia comum de que a observação seria uma prática exclusivamente dedicada à objetificação dos seres e coisas que comandam a atenção, e à sua remoção da esfera do envolvimento sensível com os outros. (Ingold, 2016, p.407)

Buscando também esclarecer os caminhos da etnografia, Fonseca (1999) aponta para o que ela considera como os momentos da pesquisa etnográfica. O primeiro momento seria o *estranhamento*, o que é uma premissa básica da construção do saber, em especial nas ciências humanas, quando compreendemos que há algo a ser desvendado para além do que é dado *a priori* à etnografia e que, portanto, apresenta-se como possibilidade de enxergar essa realidade então estranhada; o segundo seria a *esquematização*, quando o pesquisador busca organizar e sistematizar os dados encontrados. Para esse passo, certamente, o diário de campo mostra-se como ferramenta indispensável, pois nele encontramos nossas informações, impressões e sensações sobre o campo, e obviamente nem tudo que está no diário entra no processo de sistematização, ainda que tudo que está nele contribua para tanto. Um terceiro seria da *desconstrução*, quando passamos a perceber a realidade investigada para além dos estereótipos, considerando a própria historicidade do objeto investigado, claro que sob a luz de determinada perspectiva teórica, que terá um impacto fundamental sobre nossa interpretação. O quarto seria a *comparação*, quando procuramos modelos análogos que nos ajudam a compreender a realidade sobre a qual nos debruçamos; e por fim haveria a *busca por modelos alternativos*, ou seja, o pesquisador almeja nesse momento compreender seu objeto em sua inteireza, analisando sua dinâmica própria, sua realidade em movimento.

Ainda que possamos apontar para os passos da pesquisa etnográfica, o fato é que não há uma fórmula que indique a maneira de entrar em campo, coletar os dados, interpretá-los. Aliás, talvez essa última parte seja a mais complexa, na qual realizamos um árduo exercício de juntar anotações, fragmentos, entrevistas, observações, conversas informais, imaginação, abstração e leituras teóricas à totalidade, categoria fundamental para o processo de descrição etnográfica (Laplantine, 2011). Esse processo de interpretação, a que Geertz (1989) deu enorme centralidade a partir de uma perspectiva hermenêutica, deve ser compreendido como um exercício do pesquisador que visa captar o sentido que os sujeitos atribuem a suas ações cotidianas, o que não quer dizer que equivalha de fato à interpretação que os sujeitos executam sobre suas próprias ações. Trata-se de uma interpretação das interpretações vivenciadas pelo "nativo". Ou como nos coloca o próprio Geertz (1989, p.11):

> Isso significa que as descrições das culturas berbere, judaica ou francesa devem ser calculadas em termos das construções que imaginamos que os berberes, os judeus ou os franceses colocam através da vida que levam, a fórmula que eles usam para definir o que lhes acontece. O que isso não significa é que tais descrições são elas mesmas berbere, judia ou francesa – isto é, parte da realidade que elas descrevem ostensivamente; elas são antropológicas – isto é, partem de um sistema em desenvolvimento de análise científica. Elas devem ser encaradas em termos das interpretações às quais pessoas de uma denominação particular submetem sua experiência, uma vez que isso é o que elas professam como descrições. São antropológicas porque, de fato, são antropólogos que professam. [...] Resumindo, os textos antropológicos são eles mesmos interpretações e, na verdade, de segunda e terceira mão. (Por definição, somente um "nativo" faz a interpretação em primeira mão: é a *sua* cultura.) Trata-se, portanto, de ficções; ficções no sentido de que são "algo construído", "algo modelado" – o sentido original de *fictio* – não que sejam falsas, não fatuais ou apenas experimentos de pensamento.

Percebamos que o trabalho etnográfico varia dentro de dois extremos: por um lado, busca captar o sentido que os sujeitos atribuem a suas próprias práticas, sem que com isso a investigação reduza-se a uma mera reprodução das falas daqueles que são investigados; por outro, ele assenta-se sobre todo o arsenal teórico e metodológico que o pesquisador possui antes de ir a campo, sem que a etnografia reduza-se a um exercício de busca de redução da realidade às categorias e teorias que o pesquisador possui. Esse embate entre os dois extremos leva-nos sempre à discussão sobre a autoridade em torno da interpretação da cultura, a do informante, o "nativo", e do pesquisador, pois ambas as perspectivas estão sempre presentes, de alguma forma, no texto etnográfico. Esse confronto de posições tem levado a antropologia a buscar novos caminhos no processo de construção do texto etnográfico. Contudo, nesse processo devemos considerar que "Dizer que uma etnografia é composta de discursos e que seus diferentes componentes são relacionados dialogicamente não significa dizer que sua forma textual deva ser a de um diálogo literal" (Clifford, 2011, p.44).

Certamente, o antropólogo é também autor da realidade que ele descreve (Geertz, 2005), e não apenas reprodutor. Ele descreve o que vê, e o que vê é uma construção social, pois, como nos aponta Bourdieu (1996), a sensibilidade e a faculdade do sentir supõem condições históricas e sociais de possibilidades inteiramente particulares. Isso significa que a etnografia é resultado do encontro do pesquisador, impregnado com toda a sua trajetória biográfica, com o "outro". Nesse encontro, teoria e método não se dissociam, seja porque, quando o pesquisador vai a campo "aplicar" determinado método, ele o realiza condicionado pela bagagem teórica que possui e pelos próprios horizontes da ciência na qual sua pesquisa se circunscreve, seja pelo fato de que a construção teórica na antropologia se dá num diálogo constante com o "outro", na compreensão das categorias nativas por meio das teorias que o pesquisador possui; e também o contrário, as categorias teóricas do pesquisador ganham sentido e inteligibilidade ante as categorias nativas. Mesmo com toda essa reflexão em torno da etnografia, a conclusão a que podemos chegar é que:

> não há como propriamente ensinar a fazer pesquisa de campo. Esta é uma conclusão antiga, não só de professores bem-intencionados como de estudantes interessados, mas atônitos. A experiência de campo depende, entre outras coisas, da biografia do pesquisador, das opções teóricas dentro da disciplina, do contexto sócio-histórico mais amplo e, não menos, das imprevisíveis situações que se configuram, no dia a dia, no próprio local de pesquisa entre pesquisador e pesquisados. (Peirano, 1995, p.22)

Não quero com isso desanimar o leitor que esperava nesta seção do texto um passo a passo de como realizar uma pesquisa etnográfica

– aliás, muitos almejaram tal feito. Em certa medida, podemos dizer que o próprio Malinowski (1981) o buscou, e, posteriormente, de forma mais sistematizada, Mauss (1967), ainda que este não tenha tido a mesma experiência de campo. Destaco aqui apenas que há premissas básicas no fazer etnográfico que só podem ser compreendidas de forma relacional com a própria teoria antropológica construída a partir do trabalho de campo.

O processo de descrição de uma totalidade social e cultural, recortada pelo olhar do pesquisador, na qual podemos inserir as práticas dos sujeitos para então interpretá-las, certamente é uma das condições para a realização da etnografia, mas não é o suficiente, pois a etnografia, ainda que seja a descrição de uma dada realidade sociocultural, não se reduz a isso.

Esse processo de reflexão em torno do método, em nossa compreensão, mostra-se fundamental, uma vez que muitos dos equívocos presentes no processo de apropriação de uma área por outra devem-se à ausência de uma análise mais sistemática em torno do que está sendo feito, e de uma análise sobre o próprio percurso de determinado procedimento metodológico em dada ciência. Busquemos agora analisar o processo de incorporação da pesquisa etnográfica no campo educacional, compreendendo o que é desenvolvido, bem como os argumentos que são utilizados para se afirmar que em educação não se produz pesquisas etnográficas.

POR QUE ETNOGRAFIA EM EDUCAÇÃO?

No capítulo iniciamos um debate sobre os fundamentos da pesquisa etnográfica, apontando para sua visceral relação com a antropologia, bem como para os elementos que compõem sua prática. Voltamos a Malinowski, reconhecendo que seu trabalho se tornou quase que um "roteiro" mítico para os antropólogos (Stocking, 1992). Todavia é necessário reconhecer as transformações desse campo e as particularidades que envolvem pesquisar uma realidade já conhecida.

É relativamente recorrente encontrarmos trabalhos que afirmam que em educação seriam produzidas pesquisas "do tipo etnográfico" (André, 1995; 2001; Martucci, 2001), dadas as diferenças existentes entre a pesquisa antropológica e a pesquisa em educação. Primeiramente, é necessário reafirmar a existência de pesquisas antropológicas em educação, a exemplo de trabalhos pioneiros como o de Mead (1955), ademais, a pesquisa etnográfica é realizada em diferentes contextos, o que inclui os espaços educativos.

Por vezes a ideia de pesquisa "do tipo", "de cunho", "de inspiração" etnográfica parece sugerir certa imprecisão metodológica (Oliveira, A., 2013). Em oposição a essa posição, neste trabalho assumimos um papel afirmativo sobre a pesquisa etnográfica em contexto escolar. Claro que tais "ruídos" no processo de incorporação da etnografia ao campo educacional ocorrem no contexto de ampliação dos métodos qualitativos na pesquisa escolar, o que se acelera no Brasil principalmente a partir da década de 1970 (Brandão, Z., 2001). Todavia, há de se reconhecer que o processo de incorporação das metodologias qualitativas no Brasil se deu sem a devida reflexão epistemológica, produzindo pesquisas por vezes frágeis (Cardoso, 1986).

É em meio a esse cenário que a etnografia passa a figurar nas pesquisas educacionais no Brasil, que, segundo Garcia (2001), terão como grande influência os trabalhos de Elsie Rockwell e outros pesquisadores ligados ao Departamento de Investigaciones Educativas (DIE), do Centro de Investigaciones y Estudios Avanzados no México. Nesse momento, há uma ampliação considerável do número de trabalhos que afirmam utilizar-se da etnografia nas pesquisas em educação, como nos aponta Paulo Gomes Lima (2001). Ainda segundo esse autor, "A opção pelas pesquisas etnográficas merece destaque, pois compreendeu um número significativo de trabalhos, que teceram a justificativa de sua importância dando ênfase a Marli Eliza D. A. de André" (Lima, P. G., 2001, p.175).

Ainda que se possa problematizar em que medida os pressupostos investigativos do DIE foram efetivamente incorporados na pesquisa em educação no Brasil (Tosta, 2013), é inegável que a etnografia foi paulatinamente incorporada pelo campo da educação. Nesse sentido, deve-se reconhecer que a etnografia na educação nos possibilita uma nova forma de construção do conhecimento, mas não por meio do apagamento das fronteiras disciplinares, pois elas continuam a existir. Há diferenças epistemológicas na produção do conhecimento na antropologia e na educação, contudo isso não significa que não possamos desenvolver diálogos, que se mostram, muitas vezes, necessários. Ademais, os pressupostos teóricos e metodológicos da educação são essencialmente interdisciplinares, bebendo da antropologia, da filosofia, da história, da psicologia, da sociologia etc.

> Em outras palavras, a introdução da perspectiva antropológica no contexto educacional é sustentada pela necessidade simbólica de produzir uma atitude de observação, estranhamento e relativização por parte do profissional em educação, segundo a qual são percebidos outros sistemas de referências simbólicas que não os seus próprios. Pesquisadores e professores, com base nesse exercício, são sensibilizados para compreender outras formas de representar, praticar, classificar e organizar o cotidiano. Em outras palavras, o educador se reestrutura e desenvolve seus potenciais para aprender maneiras de sentir, fazer e pensar distintas daquelas que são próprias da sua formação, observando relações sociais no cotidiano de distintos contextos de vida. (Dauster; Tosta; Rocha, 2012, p.18)

Concordando com o que foi exposto pelos autores, acredito que o desenvolvimento de pesquisas etnográficas – e não "do tipo" ou "de inspiração" – contribui não apenas para acumularmos mais conhecimento acerca da realidade educacional, tanto escolar como não escolar, mas para pensarmos a possibilidade de construção de novas posturas cognitivas por parte dos profissionais da educação, pois a etnografia é, por excelência, uma forma de investigar a realidade que nos leva a questionar nossas próprias práticas, relativizando-as, assim como relativizando as práticas "do outro", compreendendo os contextos culturais nos quais elas se inserem.

Por fim, mas não menos importante, vale ressaltar que a escolha pela realização de uma pesquisa etnográfica em contexto escolar relaciona-se com o tipo de fenômeno que pretende ser observado, que muitas vezes não é possível de ser captado por outros recursos. Willis (1991, p.14), em sua célebre etnografia da cultura contraescolar operária, justifica sua escolha da seguinte forma:

> Os métodos qualitativos e a observação participante usada na pesquisa, assim como o formato etnográfico da apresentação, foram ditados pela natureza do meu interesse pelo "cultural". [...] a descrição etnográfica,

sem que nem sempre se saiba como, permite que um certo grau da atividade, da criatividade e da ação humana presentes no objeto de estudo chegue à análise e à experiência do leitor. Isto é vital para meus propósitos, na medida em que vejo o cultural, não simplesmente como um conjunto de estruturas internas transferidas (como nas noções usuais de socialização), nem como resultado passivo da ação, de cima pra baixo, da ideologia dominante (como certos tipos de marxismo), mas, ao menos em parte, como o produto da práxis humana coletiva.

Sendo assim, também é importante não perdermos do horizonte que as etnografias dialogam em seu processo de produção de conhecimento com o conceito de cultura, e certamente esta é uma peça-chave para a articulação entre o debate antropológico e o educacional, considerando que não há prática educativa desculturalizada (Candau, 2010). Esse modo particular que a etnografia tem de operar certamente é capaz de trazer uma contribuição importante para a educação, situando os fenômenos educacionais em sua teia de relações e práticas, captando sua elaboração cotidiana.

2

Quando o campo é a escola: alguns preparativos

Realizar um trabalho de campo demanda preparativos que antecedem o próprio campo, e de fato, ainda que haja sempre alguma margem durante a pesquisa para o "improviso" – que muitas vezes são momentos-chave para nossa empreitada –, há um planejamento prévio que é necessário. Não me proponho aqui a desenvolver um roteiro no sentido estrito do termo, porém, é interessante perceber que há passos que parecem ser necessários.

Certamente um bom caminho para compreender como se prepara e como se faz um trabalho etnográfico é ler boas etnografias (Peirano, 1995), o que nos possibilita ter acesso aos dilemas e desafios encontrados por outros pesquisadores. Ainda que as referidas etnografias não tratem especificamente do nosso tema de pesquisa, elas podem nos indicar caminhos metodológicos válidos para pensarmos o planejamento de nossas atividades para irmos à campo.

Meus estudantes, por vezes, ao iniciarem suas leituras ficam ansiosos, esperando quando "começa a parte de educação". Porém é importante compreender que o treinamento etnográfico envolve o desenvolvimento de um determinado tipo de olhar, trata-se de uma aprendizagem no sentido mais amplo do termo. Meu próprio treinamento inicial em etnografia deu-se no campo da religião e não da educação, contudo, foi fundamental para todas as pesquisas que realizei posteriormente em contexto escolar, o que aprendi lendo etnografias e realizando trabalho de campo em religião. Portanto, leia sobretudo os trabalhos clássicos, além de compreender a educação no sentido mais ampliado do termo, pois muitas vezes as sociedades estudadas por autores como Malinowski, Franz Boas (1858-1942), Edward Evans-Pritchard (1902-1973) etc. não possuíam uma instituição como a escola, porém todos eles em algum momento se voltaram em seus trabalhos para os mais diferentes processos de ensino/aprendizagem.

Além de lecionar a disciplina de Etnografia e Educação na pós-graduação em Educação regularmente, por diversas vezes lecionei a disciplina de Seminário de Licenciatura, na qual começamos a esboçar os projetos de pesquisa dos estudantes de Ciências Sociais que irão realizar o curso de Licenciatura, e que, portanto, devem escrever um trabalho final vinculado ao campo da educação. Essas duas experiências de ensino são substancialmente diferentes, considerando suas especificidades e seus públicos.

Nas disciplinas de Etnografia e Educação, estou normalmente diante de um grupo relativamente heterogêneo de estudantes de mestrado e doutorado, com formações muito distintas, que já possuem um projeto de pesquisa e que buscam na etnografia um diálogo para construir suas dissertações e teses. Recorrentemente, eles não possuem um contato maior com a etnografia em sua formação anterior, salvo algum debate mais introdutório a partir de alguma disciplina de antropologia, ou ainda de alguma outra de metodologia qualitativa em pesquisa.

Por outro lado, os estudantes de Seminário de Licenciatura chegam às minhas aulas com leituras anteriores de trabalhos etnográficos, porém com pouca intimidade com a pesquisa em educação, e apenas com uma vaga ideia de como formular um projeto de pesquisa, que pode ser ou não etnográfico. Deve-se ressaltar, como já indicado anteriormente, que mesmo no caso de pesquisas antropológicas, não necessariamente elas estão vinculadas ao trabalho de campo, tal como idealizado por Malinowski.

Bem, seja no caso dos estudantes que ainda vão elaborar seus projetos de pesquisa, seja no caso daqueles que já possuem um, mas que pretendem remodelar, a etnografia emerge sempre como uma possibilidade. Como já colocado também no capítulo anterior, opero com o caráter afirmativo em educação, compreendendo que não se trata de trabalhos "do tipo" etnográfico, mas sim trabalhos etnográficos em educação.

Há um primeiro denominador comum que encontro nesses dois grupos: é recorrente que eles partam da realidade conhecida para formular seus projetos. Na pós-graduação em educação há predominantemente profissionais da educação, o que inclui tanto aqueles que recém finalizaram o curso de Licenciatura quanto professores da educação básica com experiências distintas seja na rede pública seja na privada. Nesse caso, é comum que muitos deles se proponham a realizar pesquisas em instituições com as quais possuem um contato prévio, por vezes aquela com que possuem algum vínculo atual.

No curso de Ciências Sociais, por outro lado, a disciplina de Seminário de Licenciatura é lecionada nos últimos semestres, e normalmente o estudante teve ou está tendo naquele momento contato com a escola por meio do estágio supervisionado. Também é comum que nesse momento surjam ideias de projetos de pesquisa que se relacionam com as experiências que eles tiveram no estágio, quando passam a conhecer melhor a dinâmica da realidade escolar.

Esse denominador comum traz um pressuposto interessante: há uma realidade com a qual estou familiarizado (normalmente determinada instituição escolar), porém há elementos nela que pretendo conhecer, pois não compreendo como operam. Obviamente que tais elementos por vezes se confundem, considerando que, inevitavelmente, ao se partir de uma realidade com a qual temos algum contato, algumas vezes bem intenso, levantamos diversas hipóteses de trabalho, que eventualmente dificultam a formulação de nossa pergunta, dada a convicção que muitos possuem sobre "como as coisas são".

Sendo assim, tendo a perguntar a meus estudantes: "o que existe na realidade escolar que vocês não compreendem como funciona e que pretendem conhecer?" Claro que escuto respostas das mais diversas, sendo bastante frequentes aquelas que indicam que o objetivo da pesquisa é "provar que", "demonstrar que". Tendo a pensar que o objetivo primeiro de uma pesquisa não é exatamente provar algo, pois ela é um salto no escuro, implica na tentativa de conhecer o que é desconhecido, ou analisar o que é conhecido por um novo ângulo.

Compreendo, portanto, que o primeiro ponto se encontra, justamente, na tentativa de elaborar uma pergunta original, que nos leve à ampliação da compreensão que temos de determinada realidade educacional. Claro que uma pesquisa que se propõe a ser etnográfica nos leva a determinadas particularidades, que se relacionam à forma como esse tipo de investigação opera. Barth (2000) enfatiza que o etnógrafo em campo se preocupa com coisas que parecem banais para os nativos, sem relevância aparente. Lévi-Strauss (2008, p.40), ao refletir sobre a diferença do fazer entre historiadores e antropólogos, enuncia que: "Os etnólogos se interessam principalmente pelo que não está escrito, nem tanto porque os povos que estudam não escrevem, e mais porque aquilo que lhes interessa é diferente de tudo o que os homens geralmente pensam em fixar na pedra ou no papel."

Acredito que particularmente em educação tudo possui relevância, porém, há questões que naturalizamos. Talvez essa elaboração fique mais evidente com um exemplo de minha própria experiência docente, quando lecionei antropologia da educação para uma turma de pedagogia:

> Apesar de a antropologia ser uma disciplina basicamente teórica nesse curso, e remeter a uma série de conceitos e autores desconhecidos em princípio por esses alunos, eles pareciam bastantes interessados e conseguiam relacionar os temas discutidos com seu cotidiano nas escolas. Já pelo turno da tarde, aconteceu algo que certamente marcou meu percurso no campo da antropologia da educação.
>
> Uma aluna-professora negra, aparentando ter entre 35 e 40 anos, que já lecionava há mais de quinze anos, narrou a seguinte situação: um dia na educação infantil os alunos estavam desenhando e, dentre as várias coisas que desenhavam, havia figuras humanas; um dos alunos realizou a seguinte pergunta: "Tia, eu pinto de que cor os bonequinhos?", e eis que ela prontamente respondeu: "Pinte cor de pele". A aluna-professora estava espantada, pois, naquele nosso encontro, ela havia percebido algo sobre suas aulas, essas que ela praticava há mais de quinze anos, que lhe fez repensá-las a partir do olhar lançado pela antropologia. (Oliveira, A., 2014, p.25)

O que me interessa destacar nesse exemplo é que o ponto de partida desse estranhamento em sala de aula é o mesmo de meus outros estudantes: a realidade escolar que *a priori* é considerada conhecida. Penso que os pontos de partida são a suspensão das certezas que temos sobre o ambiente escolar e o convite a seu estranhamento, para então começarmos a formular perguntas para as quais não temos respostas em princípio. Mesmo quando determinado fenômeno parece ser evidente, cabe nos indagar como ele funciona, como ele se operacionaliza na prática e como esses fragmentos que podemos observar se relacionam a outros fenômenos. Nos termos de Geertz (1989, p.7) "Fazer etnografia é como tentar ler (no sentido de 'construir uma leitura de') um manuscrito estranho, desbotado, cheio de elipses, incoerências, emendas suspeitas e comentários tendenciosos, escrito não com os sinais convencionais do som, mas com exemplos transitórios de comportamento modelado".

Pensando ainda o pontapé inicial da pesquisa, Beaud e Weber (2007) nos dão algumas dicas valiosas para a escolha do tema do que deve ser feito: a) evitar temas muito amplos, considerando a especificidade do trabalho de campo; b) escapar da tentação do "pitoresco", por não ser motivo suficiente para a escolha do tema; c) reconhecer que nem sempre a pesquisa etnográfica será o melhor caminho metodológico para sua pergunta – por vezes um *survey* ou uma análise mais quantitativa podem dar melhores resultados para suas questões. As autoras ainda indicam questões que podem colaborar para essa escolha: a) o tema deve ser guiado por uma questão de partida, que emerge do debate público, das leituras realizadas etc.; b) fazer valer o princípio do inter-reconhecimento, considerando que a pesquisa etnográfica é, principalmente, sobre indivíduos em interação, e não considerando-os como mônadas culturais; c) é necessário caminhar do tema à questão de pesquisa, saindo, portanto, de temas muito amplos, passando para questões mais concretas e delimitadas; d) o estranhamento possuiria suas vantagens em relação a uma realidade conhecida, uma vez que esta poderia dar a falsa sensação de compreensão imediata.

Claro que as questões aqui expostas para pensarmos a delimitação da pergunta que norteará a pesquisa não funcionam de forma automática, afinal a construção de um trabalho acadêmico envolve, em algum grau e quase sempre, o que Grossi (2004) denominou de "a dor da tese". Podemos trazer aqui o último verso do poema "Definitivo", de Carlos Drummond de Andrade (1902-1987): "A dor é inevitável. O sofrimento é opcional..." Quero dizer com isso que, por mais que pareça difícil delimitar num primeiro momento um problema de pesquisa, principalmente quando temos muita proximidade com determinado campo a ponto de que tudo nos parece muito naturalizado, acredito que esse não é um cenário incontornável. Devemos ler outros trabalhos, ler boas etnografias, acessar a experiência dos outros, conhecer os caminhos traçados por etnógrafos que se debruçaram muitas vezes com os mesmos entraves que encontramos.

O importante, creio eu, é que possamos sair de um tema mais geral para afunilarmos numa pergunta sobre determinado "objeto" que construímos. Trata-se de um refinamento contínuo daquilo que nos inquieta na realidade escolar e que acreditamos que podemos observar de um novo ângulo.

Deve-se considerar nesse processo que a pesquisa nunca é produzida num exercício de total solidão e enclausuramento autorreflexivo, pois envolve sempre atividades coletivas (Franch, 2010), tais como aulas, seminários, eventos acadêmicos, colegas de classe e de grupos de pesquisa, orientador etc. Vagner Gonçalves Silva (2006), ao pesquisar sobre outros antropólogos que se dedicaram por longos anos de suas vidas à investigação sobre as religiões afro-brasileiras, evidencia os vários condicionantes encontrados nas trajetórias de pesquisadores já experientes, que muitas vezes mudaram totalmente o foco de seus estudos por causa do campo, da orientação, dos acasos acadêmicos etc.

ELABORANDO UM PROJETO DE PESQUISA NA INTERFACE ENTRE ANTROPOLOGIA E EDUCAÇÃO

Elaborar uma pergunta de pesquisa é o ponto de partida para um bom projeto de pesquisa, mas obviamente não é o suficiente, é necessário dar outros passos. Como partimos aqui da indissociabilidade entre teoria e método, e da tentativa de elaborar um diálogo entre a antropologia e a educação, devemos considerar alguns dos pontos que precisamos avançar nessa agenda de pesquisa no Brasil:

- fazer reflexões sistemáticas sobre experiências concretas, a partir do diálogo e das vivências compartilhadas;
- pensar as políticas públicas que se voltam para uma educação diferenciada, destinada a segmentos populacionais tradicionalmente estudados pela antropologia, como indígenas e negros;

- estudar a escola como espaço de convívio e de confronto interétnico e campo de sociabilidade e alteridade, bem como o ambiente social e político em que ela se insere;
- considerar a diversidade de situações e de concepções divergentes quanto ao que deva ser a escola e o papel que deve representar;
- pensar a educação em contextos interculturais, que tenham a diversidade como valor e, ainda, que considerem o processo intrínseco da experiência social e da vida cotidiana;
- explicitar uma noção de educação ampla, em que a vivência histórica de relações sociais múltiplas e a reflexão do outro sobre o mundo e sobre si mesmo ocupem um lugar especial;
- encontrar caminhos para uma educação capaz de despertar e desenvolver a sensibilidade para a diversidade sociocultural e para a alteridade;
- estabelecer relações teóricas e metodológicas possíveis entre antropologia e educação. (Gusmão, 2009, p.43).

Ora, para avançarmos nessa agenda é necessário que novos projetos de pesquisa sejam elaborados e que tentemos respondê-los avançando na pesquisa etnográfica, compreendendo que a própria teoria se renova a partir do trabalho empírico –por teoria, entendo aí também o campo teórico interdisciplinar da educação.

É frequente que a elaboração de um projeto comece desde o próprio momento em que é definido o campo em que será realizado, e que todos os preliminares – os dados do mapa – sejam selecionados em função disso. Isso pode parecer benéfico para essa religião acadêmica da avaliação institucional, em que os resultados rápidos são estimados acima de tudo; mas seus resultados costumam ser simplesmente reprodutivos. Um mapa de onde foram eliminados todos os dados "não essenciais" obriga a reproduzir sempre os mesmos roteiros. Se essa elaboração preliminar deve ser longa, é porque deve ser ampla, generalista, ambiciosa. Deve descartar muito, mas deve descartar depois de ter explorado muito.

É muito comum que a elaboração do projeto se estenda muito além do momento em que ele deveria ser concluído. Pesquisadores demasiado prudentes costumam desejar que o projeto seja uma espécie de modelo em escala reduzida da pesquisa, que prefigure a sua estrutura, que avance seus temas e seus capítulos e, em soma, que forneça um arcabouço, fazendo com que baste, depois, recheá-lo com os dados colhidos.

Para acabar, ou para não acabar nunca, é também usual que a elaboração do roteiro se transforme num labor interminável, que pretende prever, ou previver, todos os percalços da pesquisa, mesmo os mais imponderáveis. As instituições costumam incentivar implicitamente esse mau costume, à força de insistir na importância do projeto; depois se lamentam de que os seus alunos despendam um ano ou dois em elaborá-lo (Calavia Saez, 2013, p.116).

Calavia Saez (2013) chama ainda a atenção para que, nas pesquisas etnográficas, é comum que seja necessário descartar o projeto de pesquisa, uma vez que as condições de trabalho de campo, nesse caso, não se assemelham ao que encontramos nas pesquisas em laboratório. Porém, ainda que descartemos o projeto no decorrer da pesquisa, deve ser exposta e argumentada a distância existente entre o projeto inicial e os resultados objetivos.

A própria construção do objeto de pesquisa nos remete a uma determinada forma de operacionalizar o pensamento etnograficamente, afinal, se retomamos a máxima de Geertz (1989) de que pesquisamos nas aldeias e não as aldeias, podemos afirmar homologamente que nos propomos a estudar nas escolas e não as escolas. Essa questão deve estar posta no processo de construção do objeto, considerando-se inclusive que ele não está lá, ele é elaborado, é um constructo que se faz a partir das leituras, do recorte, do olhar do pesquisador.

Leal (2017) também nos oferece um encadeamento de ideias interessante para compreendermos a lógica que seguimos ao longo de um projeto de pesquisa. Para ele, devemos respeitar três etapas primordiais: a) escolher uma pergunta que queremos responder; b) escolher uma resposta para essa pergunta que queremos testar na pesquisa; c) indicar como pretendemos testá-la. Em outros termos, campo/objetivos/projeto estão inevitavelmente associados, de modo que as diferentes partes constitutivas de um projeto devem dialogar entre si. Deve-se pensar como as escolhas metodológicas auxiliam a avançar no debate teórico, como essas teorias podem contribuir para atingir os objetivos da pesquisa, e como esses objetivos respondem o problema.

Não sem menor relevância é importante rememorar que, apesar da pesquisa etnográfica centrar-se na descrição de determinada realidade, é necessário também contextualizar tal realidade em termos sócio-históricos. Como descrevem Gusmão e Souza (2018, p.138) ao apresentarem o percurso de uma pesquisa etnográfica em educação desenvolvida com filhos de migrantes africanos em Portugal:

> o trabalho inicial de adensamento do *corpus* etnográfico da pesquisa se deu a partir da busca e sistematização de dados empíricos e debates teóricos existentes em arquivos particulares e públicos; de levantamentos bibliográficos atualizados, registros de diferentes tipos; artigos de jornais e periódicos etc. Interessava fortalecer o olhar situado, antes de estar com os sujeitos de carne e osso e ter que enfrentá-los para que eu e a pesquisa fôssemos aceitos.

Em se tratando de uma pesquisa realizada em uma instituição escolar, é possível que haja um bom conjunto de documentos de diversas ordens que nos ajudam a situar o campo, incluindo o próprio projeto pedagógico da escola. Registros fotográficos, estatísticas relacionadas ao corpo docente e discente, todos esses elementos nos ajudam a compreender melhor a dinâmica do nosso campo. O acesso e a análise desse material devem compor, portanto, os procedimentos metodológicos do projeto.

COMO ESCOLHO MEU CAMPO?

Ainda que haja uma íntima relação entre a construção do objeto de pesquisa e o campo, não há uma relação automática entre os dois. Posso estar interessado em compreender como as relações de gênero são produzidas e reproduzidas no cotidiano da educação infantil, mas nem por isso ter delimitado onde farei meu trabalho de campo. Como afirmei anteriormente, em minha experiência na graduação e na pós-graduação, é recorrente que os pesquisadores em educação escolham um campo próximo, de fácil acesso.

Talvez estejamos muito distantes dos tempos heroicos da antropologia, quando os antropólogos cruzavam o oceano em busca do "exótico", o que era utilizado muitas vezes como um contraponto para sua própria sociedade. Por exemplo, no clássico trabalho *Coming of Age in Samoa* (1961), ao analisar a passagem da infância para a vida adulta, Margaret Mead desenvolve reflexões profundas sobre a sociedade norte-americana, indicando que em Samoa essa passagem ocorre de maneira suave, contrariamente ao que seria observado nos Estados Unidos, onde a adolescência seria marcada por um sofrimento emocional ou psicológico, ansiedade ou confusão. Ela acaba por inferir que isso se deveria ao fato de que em Samoa os adolescentes, inseridos numa sociedade estável e monocultural, não seriam pressionados a escolher entre uma variedade de valores conflitantes, como nos Estados Unidos.[1]

Quero dizer com isso que tanto a escolha por um campo com que temos muita proximidade como por outro que nos é totalmente "exótico" são opções totalmente válidas. O importante é que você perceba que há um potencial em seu campo para o desenvolvimento de sua pesquisa, seja em termos de viabilidade e acesso, seja em termos da capacidade exploratória nele.

É importante realizar um contato prévio para verificar a disponibilidade de determinado espaço educativo para a realização da pesquisa. Este tende a constituir um momento de reflexão importante sobre o próprio projeto de pesquisa e sobre o fazer etnográfico em si, uma vez que constitui um primeiro contato com o campo. Como nos coloca Carlos Brandão (2007), é possível realizar um primeiro contato com uma comunidade para conhecê-la, e a partir disso ir elaborando o projeto de pesquisa; ou ainda chegar até ela com o projeto já pronto, mas que, como ele também alerta sempre, o material de campo e a experiência do trabalho etnográfico trarão novos elementos que redefinem o projeto.

Algo que ocorre com certa frequência em pesquisas etnográficas em contexto escolar são as resistências por parte de gestores ou professores para a realização desse tipo de investigação, o que por vezes

---

1 As conclusões que Mead apresenta nessa obra foram alvo de intensa controvérsia no campo acadêmico norte-americano, destacando-se a crítica realizada por Freeman (1983). Todavia, fugiria do foco e do escopo deste trabalho analisar tais discussões. Para uma melhor análise desse debate, ver o trabalho de Freeman.

demanda uma reelaboração do planejamento do trabalho de campo. Cipiniuk (2014, p.85) nos traz alguns ajustes que seu projeto de pesquisa sofreu por causa das condições encontradas para realizar trabalho de campo em algumas escolas:

> Embora o planejamento inicial da segunda fase da pesquisa tenha sido projetado para trabalhar com mais de uma unidade de ensino e outras modalidades de educação que prosseguem após alfabetização, nem sempre as condições da pesquisa permitem alcançar todas as elaborações projetadas para aquele determinado plano. Isso não quer dizer que tais planos deixassem de ser realizados. Ao contrário, neste cenário de extensão e aprofundamento do objeto de estudo, mais de uma unidade de ensino (municipal) integrou a pesquisa, no caso, a escola municipal que se situa no bairro do Catete, na cidade do Rio de Janeiro. Ainda que de maneira diferenciada, pelo menor número de material recolhido em função do tempo [com] que pude contar, acompanhei por dois meses duas turmas de alunos do primeiro e segundo ano do projeto de educação para jovens e adultos, (PEJA), modalidade de ensino subsequente à turma de alfabetização.
>
> Neste acompanhamento não foi possível intensificar a análise na escola municipal do Catete por mais tempo. Também não pude realizar o acompanhamento da turma de alfabetização, visto que, segundo o agente de educação responsável pelos alunos, a presença de uma pessoa nova na sala de aula poderia alterar o processo de aprendizagem. Para continuar na escola, era necessário passar por uma série de formalidades impostas, preceitos escolares de permanência na unidade de ensino, advertidos pelos agentes de educação e direcionados especificamente ao trabalho de campo em questão. Tais formalidades impostas se exprimiram por meio da submissão do projeto de pesquisa da tese à coordenadoria regional de educação (relacionada à área da escola), bem como aguardar sua aprovação por um período de, no mínimo, seis meses.
>
> Como nesta unidade de ensino o pouco tempo de pesquisa permitiu poucos desdobramentos na relação entre pesquisados e pesquisador, acabei por intensificar a análise na unidade de ensino em Copacabana, que não me exigiu qualquer tipo de formalidade até à mudança da instância estadual para municipal, diante dos prazos por mim assumidos para realização da tese de doutorado.

A partir desse exemplo, podemos perceber que o projeto de pesquisa está passível de sofrer uma série de modificações, principalmente quando consideramos a especificidade de se tratar de um trabalho de campo etnográfico em instituições escolares. Eu mesmo, em algumas situações de pesquisa, deparei-me com o seguinte cenário: ao me aproximar de professores da educação básica que lecionavam sociologia, encontrei uma primeira acolhida bastante calorosa. Majoritariamente, estavam sempre muito abertos para falarem de suas práticas, das atividades desenvolvidas etc., porém alguns deles se mostraram reticentes sobre a possibilidade de realizarmos observações em sala de aula, por diversas razões, que iam desde a burocracia da escola, passando por situações particulares como estar em estágio probatório e achar que isso poderia prejudicá-los etc. (Oliveira; Boin; Búrigo, 2018).

Quero demonstrar com isso que o contato prévio com a instituição escolar, a apresentação de suas ideias à direção e à comunidade escolar no geral, é uma chave fundamental para sondar a viabilidade da pesquisa em determinada instituição. Isso vale mesmo para aqueles que possuem trânsito em determinada escola. É no diálogo com a instituição escolar, no processo de negociação que poderemos avançar no delineamento do projeto de pesquisa e na escolha do campo.

Construindo um marco teórico

Para pensarmos o processo de construção de nosso marco teórico, é importante ter em mente que nem tudo que lermos necessariamente entrará no projeto, da mesma forma que sempre haverá textos e autores a que não tivemos acesso que poderiam contribuir para o que estamos elaborando. Para a atividade de pesquisa, a revisão do tema é um exercício contínuo e praticamente infindável, considerando-se inclusive a expansão da produção acadêmica nos últimos anos, bem como a facilidade de seu acesso. Evans-Pritchard (2005) alerta para a necessidade de um bom treinamento teórico para a realização de um trabalho de campo consistente, de modo que são etapas que não estão separadas em absoluto.

Meu orientador de doutorado realizou seus estudos nos Estados Unidos na década de 1970; ele me conta sempre sobre o processo de acesso às leituras, aos livros, aos autores, da dependência que havia com relação a uma rede de colaboradores para você construir sua tese.

Afinal, para acessar um livro lançado na França, você deveria ter um amigo lá, que o informasse do lançamento e se dispusesse a comprá-lo e enviá-lo. Com a internet, esse trabalho foi facilitado, podemos comprar livros lançados ao redor do mundo, acessar artigos, além do fato do inglês ter se tornado uma espécie de língua franca no mundo acadêmico (Ortiz, 2008). Todavia, isso implica também num aumento exponencial no número de informação disponível, o que por vezes causa a sensação, para alguns, de que hoje temos maiores dificuldades para selecionarmos a literatura.

No caso específico do tipo de pesquisas que estamos tratando aqui, desenvolvidas em um entrelugar (Dauster, 2015), compreendo que temos que lidar diretamente com a interdisciplinaridade própria do campo educacional. Ainda que possamos compreender que as ciências da educação são essencialmente plurais (Silva, C. F., 2017), é importante reconhecer também que há ciências que possuem diálogos mais legitimados com esse campo no Brasil, como a história, a sociologia e psicologia. A antropologia, por outro lado, encontra pouco espaço institucional na agenda da educação brasileira, ainda que haja um uso recursivo de categorias antropológicas, além de haver uma presença considerável de antropólogos vinculados a programas de pós--graduação em educação (Oliveira, A., 2017).

Essa tensão entre a antropologia e a educação é importante de ser trazida aqui, pois, como tem sido reafirmado ao longo deste trabalho, não há como separar a etnografia do debate que a gera. Como já esclarecemos anteriormente, ainda que a antropologia e a etnografia não se equivalham, isso não significa negar a ligação entre as duas. Enfatizo isso, porque, eventualmente, num projeto de pesquisa que se propõe a realizar uma etnografia, você lerá e incorporará antropólogos em suas leituras.

Ao incorporar autores da antropologia em nossos projetos de pesquisa em educação, é necessário deixar claro qual a contribuição de tais autores a esse campo. Recordo-me de uma de minhas primeiras orientandas de mestrado em educação, que fora minha aluna no curso de Ciências Sociais e estava pesquisando educação escolar indígena. Durante sua qualificação, um dos examinadores cobrou que ela utilizasse mais "autores da educação", já que se tratava de uma dissertação em educação. Ora, parece-me que essa observação feita por um dos membros da banca tem muito a dizer sobre as tensões nesse campo e sobre os cuidados que devemos tomar ao entrar nele.

É interessante para alguém que está construindo seu projeto ler trabalhos já finalizados em temas próximos ao que pretende desenvolver, ainda que seja recorrente o fato de que, em muitas teses, há pouca explicação sobre as metodologias de pesquisa adotadas (Melo; Gomes; Bernardo, 2018), porém o trabalho finalizado expõe um caminho, e uma forma de articular teoria e método.

Talvez seja mais fácil escolher e usar uma teoria ou um autor num projeto que no trabalho final em si, afinal, num projeto é mais simples "confiná-lo" numa seção. Lembremos, porém, que o debate com a teoria deve atravessar toda a pesquisa. Valorize a leitura de estudos etnográficos realizados em ambientes educacionais, pois também podem dar pistas valiosas sobre como pensar a articulação entre teoria e método nesse contexto. Um caminho interessante para pensarmos a definição do marco teórico é apontado por Ramos (2018, p.850-51, tradução nossa):

> A construção do quadro teórico não é um momento independente de outras partes da pesquisa. A revisão da literatura deve contribuir simultaneamente para a construção do quadro teórico, do objeto de estudo, do estado da questão e do aperfeiçoamento do desenho da pesquisa. Cada pessoa deve descobrir a estratégia que lhe seja mais efetiva. No meu caso, costumo abrir vários documentos do Word dedicados a cada uma dessas partes e ir localizando neles aqueles conteúdos que vão aparecendo na bibliografia e que contribuirão para sua posterior elaboração e redação. No caso do quadro teórico, costumo colocar em letras maiúsculas os principais conceitos e relações que vou detectando e abaixo deles as citações que tomo dos diferentes textos, acompanhadas de meus comentários, reflexões e anotações. Essa é uma estrutura muito flexível, que me possibilita ir movendo os blocos de textos e realocando-os conforme vou dando forma ao projeto.

Claro que esse exercício proposto pelo autor pressupõe uma escrita clara, que evidencie a relação entre o marco teórico escolhido e a construção do "objeto de pesquisa". Apesar das múltiplas possibilidades do uso criativo da teoria, que pode inclusive ser combinada com outras teorias, é interessante pensar qual se adequa melhor a seus problemas de pesquisa, quais categorias se mostram mais interessantes e com capacidade de revelar elementos de seu campo. Lahire (1995), por exemplo, para tentar compreender o sucesso escolar em camadas populares, faz uma articulação entre a teoria do *habitus* de Bourdieu e a ideia de figuração social de Elias, combinando ainda a observação etnográfica com outros recursos metodológicos, o que demonstra quão complexo é desenvolver uma pesquisa em educação.

Quero deixar claro com isso que não é necessário ser ortodoxo no momento da elaboração de seu marco teórico, que ele pode conter autores provindos de diferentes campos disciplinares, o relevante é que esses autores e teorias dialoguem entre si, e principalmente dialoguem com seu campo. Possivelmente, em seu trabalho haverá encontros entre autores provindos do campo da antropologia e da educação, diálogos entre categorias e, principalmente, ao longo da pesquisa, uma articulação entre teoria e empiria.

3

Entrando em campo

PREPARANDO-ME PARA IR A CAMPO

Algo interessante de pensarmos é que o campo sempre começa antes do campo, havendo ou não um grande deslocamento geográfico para o pesquisador. Seja numa viagem até outro país, seja num deslocamento para uma escola localizada na zona rural ou na periferia de uma grande cidade, ou mesmo voltar para uma escola que se conhece, mas agora na condição de pesquisador, há preparativos que antecedem o momento de "estar lá".

Tomemos como exemplo o trabalho de campo da antropóloga norte-americana Ruth Landes (1908-1991), que veio realizar uma pesquisa etnográfica sobre relações raciais no Brasil no final dos anos de 1930. Sua pesquisa tornou-se uma das pioneiras a pensar a relação entre gênero, raça e religião, sendo mais conhecida por meio da obra *A cidade das mulheres* (2002 [1947]), cujo primeiro capítulo nos traz uma descrição de alguns de seus preparativos para viajar até a América do Sul pela primeira vez e realizar essa pesquisa.

Landes nos confessa o pouco conhecimento que tinha sobre o Brasil e sobre as populações negras antes de iniciar a pesquisa, narra ainda as dificuldades de encontrar materiais sobre o Brasil nas bibliotecas que consultou. Nesse período, visando preparar-se para sua vinda, ela se deslocou de Nova York para Nashville, no Tennessee, vinculando-se à Universidade de Fisk, que era uma reconhecida "universidade negra".[1] Narra ainda sua viagem no vapor, os encontros ocorridos no meio do caminho, suas dificuldades em aprender português, a desaprovação de muitos que encontrou no Rio de Janeiro em relação a sua ida para a Bahia. Ela faz para seu leitor uma pergunta retórica: "Preciso dizer que me sentia insegura e confusa?" (Landes, 2002, p.44).

É bem verdade que o trabalho de Landes foi duramente criticado no período em que foi lançado, em grande medida pelo estilo narrativo que adotou, ainda que aquilo que foi apontado como problema pelos contemporâneos tenha sido resgatado posteriormente como a qualidade de seu trabalho (Healey, 1996). Interessa-me demonstrar para o leitor que, na escrita etnográfica, esse processo também constitui parte fundamental do trabalho e mesmo da escrita; não é incomum que antropólogos iniciem seus textos descrevendo sua relação com o campo, como chegam até ele, como se prepararam. Mesmo que você tenha uma relação anterior, é válido pensar como ela se constitui e como, que a partir dela, seu objeto de pesquisa foi sendo elaborado.

Particularmente, não acredito que a experiência anterior ou atual como professor, estagiário ou aluno de determinada instituição escolar constitua um empecilho para a realização de uma pesquisa etnográfica em determinada instituição. Porém é bem verdade que, ao considerarmos a proximidade com nosso campo, há que se tentar ao máximo realizar o exercício de vigilância epistemológica, que perpassa todas as etapas da pesquisa (Bourdieu; Chamboredon; Passeron, 2000), mas que assume outros contornos quando consideramos esse tipo de relação.

O exercício de escrita nos leva a uma autorreflexão sobre o que estamos fazendo em campo, sobre as escolhas que realizamos, sobre os passos que damos na pesquisa. Portanto, produzir um texto que descreva todo esse processo, nossa relação com o campo, a construção do objeto etc., é um passo fundamental para pensarmos nossa preparação para o campo.

Claro que há também preparativos que são bastante subjetivos, por assim dizer, afinal, deve-se estar ciente que se produz uma etnografia com as pessoas e não sobre as pessoas (Ingold, 2015), de modo que

---

1 Essa expressão (*black colleges and universities*) refere-se às instituições de ensino superior fundadas nos Estados Unidos antes da Lei dos Direitos Civis de 1964, voltadas para atender à população afro-americana.

além de observar, possivelmente, você será instado a participar, muitas vezes de forma muito ativa, em seu campo. Pires (2011, p.145), em um texto endereçado a seus orientandos e orientandas, escreve as seguintes palavras:

> Estejam abertos ao imprevisto, o que Malinowski (1997) chama de o imponderável da vida social, aquilo que escapa ao nosso planejamento, nos faz mudar de rota e acaba sendo revelador. Como na vida, não tentem direcionar demais o curso das águas, deixem a vida nos levar e tentem aproveitar os momentos de incerteza para perguntar aos nativos o que está acontecendo! Dificilmente o antropólogo escapa da pecha de chato, inconveniente ou louco. Chato porque pergunta sobre tudo, como a criança nas idades dos por quês [sic]. Inconveniente porque força as pessoas a se questionarem sobre o que é tido como naturalizado. E, louco, justamente, porque parece desconhecer as verdades inquestionáveis.
>
> Não tenham medo do ridículo, espelhem-se no ofício dos palhaços que riem da sua própria miséria e, ao saberem-se ridículos, enfrentando sua vergonha, cumprem seu papel (Tsallis, 2005). Perguntem sem medo, contem na [sic] intuição. Olhem, vejam, toquem se for possível, escutem, perscrutem, esperem e observem. Observem sempre e a qualquer hora. Não esperem que venham lhe convidar, saía para a rua. Sejam éticos, nem tudo que lhe dizem deve ser divulgado ou publicado. Às vezes, se diz ao antropólogo o que se diz ao confessor. Que antropólogo não tem no baú da memória estórias guardadas a sete chaves? Nos foi dito para ser publicizado ou foi nos dito como desabafo? Cada caso é um caso. Ouvir é importante, perguntar também. Falar de si no campo para os nativos, eu diria, nem tanto. A não ser quando somos interpelados. E aí cabe ao antropólogo decidir o que dizer, tendo sempre em vista que o que for dito terá sempre consequências.

A esses conselhos devemos acrescentar mais alguns de caráter mais prático: a) levar gravador (ou baixar um aplicativo para seu celular), caneta e papel desde o primeiro contato com a instituição escolar, pois eventualmente há algo para anotar; b) levantar quais são os demais documentos e fontes que serão necessários para sua pesquisa, com o intuito de verificar sua disponibilidade; c) levar consigo uma carta de apresentação de sua instituição, indicando a finalidade da pesquisa;

mesmo que esse tipo de documento já tenha sido apresentado em um momento anterior, eventualmente ele pode ser requerido mais uma vez. E nunca esquecer de tomar nota de cada acontecimento da sua pesquisa, desde a escolha do tema, os primeiros contatos, eventuais recusas e dificuldades encontradas. Todos os acontecimentos, incidentes e afins constituem dados valiosos para sua pesquisa, pois estarão implicados no olhar que você vai elaborar sobre o campo.

Chegando no campo

Para esse momento, vale a mesma máxima das etapas anteriores: anote todas as informações possíveis, seu percurso até o local que fará pesquisa, os detalhes que concernem ao espaço físico, a distribuição das pessoas, quem o recebe. Haverá momentos de maior formalidade; caso você não esteja familiarizado com o ambiente, talvez alguém o apresente; mas também haverá momentos mais informais, que podem ser chave para sua pesquisa. Claro que também devemos ter clareza – como já indicou Pires (2011) – que nem tudo que nos é dito deve entrar para o texto final.

É bastante comum que a figura do pesquisador – e do antropólogo em particular – seja encarada de forma ambivalente em instituições escolares, pois, por um lado, muitas escolas já tiveram contato anterior com outros investigadores, que estiveram lá por distintas finalidades e utilizando as mais diversas metodologias de pesquisa; mas, por outro, pode haver certo estranhamento com a pesquisa etnográfica, sua duração naquele espaço e mesmo certa desconfiança sobre a capacidade do conhecimento acadêmico compreender a dinâmica da realidade escolar. Pereira (2017, p.150) nos dá um exemplo sobre esse tipo de situação em campo:

> "Em primeiro lugar, eu acho que nós precisamos saber qual é o preço do pãozinho", assim me interpelou um professor, ainda na rodada de apresentações, antes mesmo que eu fizesse minha exposição num curso de formação para docentes que ministrei em escola pública estadual na periferia de São Paulo. Com isso, o professor criticava, ao mesmo tempo, uma série de posturas como a da academia de tratar da escola à distância de

seu cotidiano e a de nós antropólogos que se arriscam a discutir educação. Ademais, com essa interpelação, o professor queria dizer que eu não conhecia muito bem o "chão da escola" e, portanto, não tinha legitimidade para falar sobre seu cotidiano. O que me marcava imediatamente como um pedante que lhes queria ensinar algo que eles sabiam e dominavam muito mais. Ele também contrapunha a concretude das relações vividas a uma visão ideal de escola que se situa apenas no nível do discurso. Não se pode dizer que essa posição seja totalmente desprovida de razão, muito pelo contrário. Quando fui provocado por esse professor, no entanto, eu tentei lhe mostrar que possuía algum conhecimento do "chão da escola", mas que gostaria, na verdade, de conversar menos sobre o aspecto educacional e de controle disciplinar dos alunos e mais sobre uma perspectiva antropológica que pudesse revelar outras possibilidades de entendimento das relações sociais.

O deslocamento que o autor realiza aponta para o fato de que devemos deixar sempre o mais claro possível qual o tipo de conhecimento que a pesquisa etnográfica se propõe a produzir, quais suas implicações. Rosistolato (2013) indica que, em sua pesquisa, por vezes ele era tido como alguém "inocente", por não conhecer a escola como seus nativos, o que nos leva a uma relativização da ideia de que "somos todos nativos" no campo educacional, pois claramente há tensões que se colocam com relação aos modos de conhecer essa realidade.

É importante estar bem-informado sobre a realidade local, seus dilemas e sua linguagem. Se para Malinowski (1978) o domínio da língua nativa era uma condição fundamental para a realização de um bom trabalho de campo, pode-se ter a falsa impressão de que ao estudarmos uma instituição integrante de nossa própria sociedade não haveria mais essa necessidade. O estudo etnográfico de Latour e Woolgar (1997) sobre a produção do conhecimento científico em laboratório mostra justamente o contrário; mesmo nesse exercício de aproximação de nossa própria sociedade, haveria todo um domínio próprio em termos de linguagem a ser conhecido.

Recordo-me de quando me mudei de Alagoas e fui para Santa Catarina em 2014; busquei reorganizar minha rotina de trabalho de campo, ainda que precisasse antes disso me situar na nova realidade. Como estava sendo promovida uma atividade por um laboratório de ensino de meu departamento, que contaria com a participação de professores da educação básica, achei que esse seria um espaço interessante para realizar um primeiro contato com alguns docentes e verificar a disponibilidade para me receberem num eventual trabalho de campo. De fato, aquele momento foi bastante importante para o desenvolvimento de minhas pesquisas *a posteriori*. Porém lembro uma fala que me marcou bastante, pois estávamos numa roda de conversa e, depois que todos se apresentaram, começamos a debater algumas das dificuldades encontradas no contexto local na rede pública do ensino. Chamou-me a atenção a referência constante à categoria de professores ACT (admissão em caráter temporário) e, obviamente, perguntei para meus nativos o que era ACT. Recebi a seguinte resposta de uma professora da rede: "são professores temporários... Mas vocês da universidade não conhecem nada da escola mesmo, não é?" Bem, de fato eu conhecia muito pouco da rede pública de ensino de Santa Catarina naquele momento, e em Alagoas os professores temporários eram chamados de "professores monitores". Esse meu exemplo, para além de apontar para a utilidade de conhecer a "língua nativa" para se fazer o trabalho de campo, também demonstra que podemos ir aprendendo essa linguagem no decorrer da produção da etnografia.

Para além de conseguir dominar a linguagem, também aos poucos é que vamos compreendendo como cada realidade escolar se dinamiza. Alef de Oliveira Lima (2019, p.257) nos traz os seguintes elementos referentes à relevância dos primeiros contatos durante sua pesquisa na Educação de Jovens e Adultos:

> esses primeiros contatos foram para me ambientar e fazer o campo. Capiná-lo, traçar relações sociais e entender a peculiaridade do meu empreendimento etnográfico. Os meus interlocutores sempre estão se renovando: a EM3 vai embora e esse exercício vai ter que se repetir criativamente. Decorre que, após esse período inicial, voltei-me para a EM1 – uma turma estreitamente variável (mais fechada e que foi o pontapé inicial para se pensar a evasão).
>
> De tempos em tempos, quando decidi acompanhá-los mais longamente, notava que as pessoas com que eu conversava apareciam em alguns dias, e em outros, não. A situação se evidenciava mais na hora da chamada: de 25 alunos, apenas 15 ou 16 iam respondendo. Para os estudantes, "tinha

dia que dava para vir e tinha dia que não" (muitos eram pais e mães, filhos e filhas de alguém). A escolarização era apreciada, considerada importante, mas, nos momentos de aperto financeiro e familiar, podia ser deixada de lado.

Uma forma interessante de conhecer melhor essa realidade é "gastar" um tempo da pesquisa "deixando-se contaminar" pelo campo. Em vez de tentar prontamente realizar entrevistas etc., se familiarizar com o campo. Ainda que você o conheça bem como um agente que o integra, é importante deixar-se contaminar na condição de observador. Esse preceito é indicado por C. Brandão (2007, p.13-4) ao falar de sua própria experiência em campo:

> Eu costumo chegar na região onde vou pesquisar e, dependendo do tempo que eu tenha, costumo passar algum tempo de "contaminação" com o local, ou seja, procuro não entrar diretamente numa relação de pesquisa. Não só não invadir o mundo das pessoas com uma atitude imediata de pesquisa, como também não me deixar levar de imediato sem um trabalho de coleta de dados. Eu acho que é muito enriquecedor viver um tempo, que, dependendo do tempo global que você tenha, pode ser um dia, dois, uma semana, até quinze dias, quem sabe até um mês de puro contato pessoal, se possível, até de uma afetiva intimidade com os bares, as ruas, as casas, as pessoas, os bichos, os rios (em geral só pesquiso onde tem rio bom para tomar banho) e assim por diante. Conviver, espreitar dentro daquele contexto o que eu chamaria o primeiro nível do sentir, sentir como é que o lugar é, como é que as pessoas são, como é que eu me deixo envolver. Isso é muito bom, porque faz com que a gente entre pela porta da frente e entre devagar. E, por outro lado, é bom também porque essa lenta entrada, eu diria essa mineira entrada, não tem aquela característica de um trabalho invasor em que as pessoas se sentem de repente visitadas por um sujeito que mal chegou ao lugar, saltou do carro e começou a aplicar um questionário. Inclusive às vezes por experiências antecedentes de trabalho: no Incra eu tive de fazer pesquisas assim, saltar, pesquisar, porque eu tinha um dia para trabalhar num bairro rural. Isto é muito ruim. Toca-se apenas o verniz e toca-se num verniz em que as pessoas se defendem até quando podem da invasão de que se sentem vítimas.

Penso também que esse tipo de ação, de aproximação com o campo, ajuda-nos a vencer algumas resistências que podemos eventualmente encontrar. Becker (2013, p.9) levanta a seguinte hipótese para esse tipo de resistência em instituições escolares:

> A pesquisa etnográfica entra em conflito com uma crença profundamente acalentada, encravada no funcionamento das grandes instituições. Não pretendo acusar os educadores de venalidade. Não acho que eles dizem: "Esperem, se deixarmos as pessoas fazerem esse tipo de pesquisa, isto prejudicará nossa explicação de por que não podemos fazer o trabalho". Mas de fato acho que razões como esta fazem parte do que está por trás do zelo religioso com o qual as pessoas abraçam a pesquisa quantitativa na indústria da educação. É esse mesmo zelo que ajuda a explicar as suas dificuldades e queixas para com a etnografia. [...] A maioria dos etnógrafos da educação teve de lidar com a surpresa (e por vezes, choque) de professores e administradores quando descobrem que os pesquisadores não irão apenas observar os estudantes ou membros subordinados da organização, mas considerar todos os envolvidos nela, de cima a baixo, de modo equitativo para a investigação. "Quer dizer que você vai nos estudar?". Isso para eles abre imediata e invariavelmente a possibilidade de que de alguma forma iremos pensar que "isso" (o que quer que "isso" seja) é culpa deles. Eles podem não saber com exatidão o que "isso" é, mas geralmente imaginam que alguém que circule tempo suficiente, metendo-se em tudo, vai acabar achando *algo* de que sejam culpados.

É necessário deixar sempre clara a finalidade da pesquisa, bem como o fato de que não é o objetivo dessa produzir juízo de valor sobre as práticas escolares. Também é importante demonstrar os cuidados com os procedimentos de ética em pesquisa, a garantia do anonimato, que são questões-chave nesses primeiros momentos. Obviamente que, quando indicamos que o conhecimento produzido pela etnografia não produz juízo de valor, não significa endossar aqui a ideia de um conhecimento "neutro", pois, como bem aponta Haraway (1995), os conhecimentos científicos são situados. Isso significa que reconhecemos que os conhecimentos são localizados, específicos, particulares e abordados a partir de uma perspectiva parcial, visto que não há conhecimento sem mediação, sem estar inserido em um conjunto de relações. Como nos colocam Machado, Motta e Facchini (2018, p.22-3):

> Os desafios da produção das ciências sociais e da antropologia consistem em se contrapor ao senso comum e às posições conservadoras, apontando que não há neutralidade na produção de conhecimento científico sobre o social e cultural, pois é necessário se inserir no mundo simbólico para poder construir as diversas posições de sentido dadas pelos sujeitos sociais. Isto não quer dizer que não haja objetividade e imparcialidade, se as entendemos como a inclusão máxima das posições divergentes num contexto social em análise, e se nelas explicitarmos a posição do sujeito de conhecimento.

No caso específico de pesquisas etnográficas em educação, Becker (2013) ainda aponta para o fato de que elas possuem um caráter inevitavelmente avaliativo em algum grau. Bem, tendo a discordar em parte com esse argumento, pois compreendendo que a etnografia possui um caráter inevitavelmente interpretativo, o que não necessariamente se desdobra em uma avaliação. As avaliações certamente podem ser realizadas a partir do conhecimento produzido pela etnografia, como ocorre com os resultados de outros tipos de pesquisa.

O fato é que ocasionalmente podemos lidar com temas bastante sensíveis, e que tendem a ser vistos com mais desconfiança num primeiro momento. Um exemplo bastante significativo são as pesquisas que envolvem as relações étnico-raciais no contexto escolar, considerando o fato de que as diversas formas de desigualdades são elaboradas nas relações cotidianas. Gomes (2002), ao analisar a questão do corpo negro na escola, aponta o fato de que muitas vezes as demandas apresentadas nesse espaço nem sempre possuem um conteúdo racial explícito, porém ele continua presente em diversos momentos.

O que deve ser explicitado desde os primeiros contatos, mesmo no caso de temas mais sensíveis, como os que envolvem as relações étnico-raciais, de gênero, diversidade religiosa etc., é que a etnografia se preocupa em compreender como esses fenômenos ocorrem.

ÉTICA NA PESQUISA DE CAMPO EM EDUCAÇÃO

Considerando-se que a todo tempo afirmamos que nosso debate está situado na interface entre a antropologia e a educação, acredito que é importante que a reflexão sobre ética em pesquisa situe-se também na interface desse diálogo. Ainda que o debate sobre ética em pesquisa não constitua algo novo nas ciências humanas, ganhando fôlego nos Estados Unidos ainda nos anos de 1980, no Brasil só em período mais recente é que essa questão passa a ganhar maior visibilidade, sendo um campo de intensas disputas (Diniz, 2008). Da mesma forma, a prática de revisão ética das pesquisas por parte de comitês também constitui uma prática nova entre nós (Fonseca, 2015). A elaboração de instrumentos normativos nesse campo (Brasil, 2013; 2016) torna tais disputas ainda mais visíveis, posto que alguns pesquisadores denunciam uma gradativa expansão colonizadora da regulamentação da ética em pesquisa na área da saúde no Brasil e sua aplicação para as ciências humanas (Sabottka, 2015).

Esta seção sobre ética em pesquisa poderia ser a primeira deste capítulo, afinal, demanda-se do pesquisador que sejam preenchidos formulários, que se esclareça sobre a pesquisa para seus sujeitos de pesquisa antes do início de suas atividades etc. Porém, na minha compreensão, reduzir a pesquisa em ciências humanas a isso reflete uma impressão sobre sua natureza, uma vez que, como nos esclarece L. R. Oliveira (2004), não realizamos pesquisas *em* seres humanos, mas sim *com* seres humanos, de modo que eles não são nossas cobaias, mas sim sujeitos de pesquisa.

Ainda nos procedimentos anteriores ao campo, apontei a necessidade de formular um projeto de pesquisa, mas também sobre o fato de que em pesquisas etnográficas é recorrente que ele seja reformulado em campo. Tal aspecto nos coloca em confronto, em alguma medida, com o que é esperado, muitas vezes, pelas orientações normativas. Como bem nos elucida L. R. Oliveira (2004, p.34-5):

> Aliás, outro aspecto importante da pesquisa antropológica é que, frequentemente, o objeto teórico da pesquisa é redefinido após a pesquisa de campo, quando cessa a interação com os sujeitos da pesquisa, o que traz novas dificuldades para as regras de solicitação do consentimento

informado, assim como estabelecidas na resolução 196 do Conep. Pois, segundo a resolução, os sujeitos da pesquisa têm de ser informados não apenas sobre exatamente a que intervenções eles estarão sujeitos, mas também sobre o assunto ou sobre do que se trata a pesquisa. A satisfação destes dois aspectos do consentimento informado seria a condição para a legitimação da pesquisa, assim como para a divulgação de seus resultados.

Compreendo que a pesquisa em ciências humanas, realizada *com* as pessoas, nos demanda um compromisso ético e político que nos leva a outra direção nessa discussão, pois devemos considerar a importância de discutirmos nossos projetos, nossos objetivos, a forma de realizarmos nossa interação em campo, o que me parece ser possível a partir do momento que entro em contato com as pessoas, que vou a campo para "me contaminar", para compreender os horizontes simbólicos daquela realidade. Mais que isso, deve-se entender que em ciências humanas cada desenho metodológico pressupõe uma nova sensibilidade ética (Diniz, 2008).

Há ainda que se considerar que, da mesma forma que não existe uma antropologia no singular, não existe também sujeito de pesquisa no singular, e os desafios impostos pelo debate da ética em pesquisa devem abarcar essa pluralidade, considerar esses diferentes cenários (Oliveira, L. R., 2010).

Não podemos esquecer que o modelo desses termos se assenta largamente no padrão de pesquisas biomédicas, pressupondo uma separação entre sujeito e objeto de pesquisa (Sabottka, 2015), compreendendo que ele garantiria maior transparência e proteção aos participantes da pesquisa. Todavia:

> Como regra geral, a pesquisa social envolve riscos semelhantes aos existentes nas relações sociais cotidianas, por isso se qualifica como pesquisa de risco mínimo (Prentice; Oki, 2006). Assim como há exceções às presunções de risco entre as pesquisas biomédicas, pode haver exceção à tese do risco mínimo entre as pesquisas sociais (Diniz, 2008a, 2008b; Diniz; Guerriero, 2008). Entretanto, considerando o exercício inicial de contraste entre os dois campos, os regimes de excepcionalidade não serão aqui analisados. A tese do risco mínimo exige, portanto, uma reconfiguração do modelo contratual do TCLE para ser sensível às particularidades

da pesquisa social (Gordon, 2003). Não apenas porque a participação no estudo não acarreta danos à vida, mas também porque o encontro de pesquisa parte de outros fundamentos morais, que recusam a lógica contratual, tais como a confiança no pesquisador, o desejo da escuta, a troca simbólica, a cumplicidade política ou a identificação com o tema de estudo. (Diniz, 2010, p.186-7)

Ademais, em que pese suas "boas intenções", o referido termo pode nos colocar diante de situações bastante complexas em campo. Langdon, Maluf e Tornquist (2008) questionam, por exemplo, como fazer com a assinatura no caso de populações iletradas ou de grupos subalternizados. Pensemos, por exemplo, no caso das pesquisas que envolvem a Educação de Jovens e Adultos, ou processos educativos em comunidades nas quais o iletramento pode constituir a regra e não a exceção.

Como Fleischer (2018) bem aponta, o termo normalmente incomoda nas pesquisas antropológicas por lidar com uma forma de negociar presença em campo que não é própria de nossa área. Isso pode se desdobrar numa série de complicadores no processo de aprovação da pesquisa pelos referidos comitês, que por sua vez têm impactos diretos no cronograma das atividades a ser desenvolvidas.

Considero, portanto, que a reflexão sobre os recursos metodológicos e a ética em pesquisa pressupõem, sobretudo na pesquisa etnográfica, um conhecimento sobre o contexto social, político e cultural da realidade de seus sujeitos de pesquisa, que apesar de poder ser iniciada com as leituras do pesquisador, apenas se concretiza em campo. Tomemos o exemplo que nos traz Diniz (2008, p.421-2) a partir de sua própria experiência de pesquisa:

Para a construção do instrumento de consentimento livre e esclarecido, a experiência acumulada nas pesquisas biomédicas foi o ponto de partida. Há uma larga discussão em bioética feminista sobre como algumas estratégias de triangulação para a obtenção do consentimento funcionam em casos de grupos vulneráveis. Foi inspirada nessa tradição de pesquisa que a equipe adotou a seguinte estratégia para o termo de consentimento: (1) não o resumiu a um ato mecânico de apresentação do projeto de pesquisa, isto é, ao instante inicial das filmagens, onde foi apresentada a ideia e grande parte dos acontecimentos ainda estavam por ocorrer e (2) convidou uma entidade do universo simbólico e sociológico de Severina para garantir que as condições do termo final de consentimento livre e esclarecido pós-edição do filme estavam claras e de acordo com os interesses de Severina. A adoção desses procedimentos impunha um risco à finalização do projeto: havia a possibilidade de mudança de opinião pelo casal no instante final da edição do filme. Apesar de representar uma ameaça à finalização do filme, este era também um pacto que redescrevia os termos tradicionais da pesquisa científica – as diretoras do filme não deteriam o poder absoluto de construção da narrativa, mas esse seria compartilhado com os protagonistas do filme.

Esse exemplo serve-nos não como um modelo a ser seguido, mas sim como um ponto de partida para pensarmos como os projetos de pesquisa em ciências humanas demandam uma reflexão ética que emerge de seu campo. Os procedimentos formais normalmente exigidos pelos Comitês de Ética em Pesquisa (CEP) muitas vezes não reconhecem que "Ao fundo dos procedimentos formais, existem questões teóricas, epistemológicas, metodológicas e políticas que estão envolvidas na normatização da ética em pesquisa" (Sarti; Pereira; Meinerz, 2017, p.13), originando-se daí diversos embates com as pesquisas em ciências humanas.

O advento de comitês próprios de ciências humanas, bem como a presença forte de pesquisadores vinculados a essas áreas nos comitês "gerais" de cada instituição de pesquisa, é um avanço importante para o amadurecimento do debate. Todavia, isso não resolve os impasses dos pesquisadores.

Mainardes (2017), ao refletir sobre a questão da ética em pesquisa na educação, aponta para três principais desafios no Brasil atualmente: a) pensar a questão da ética em pesquisa para além da regulamentação, sendo compreendida como uma questão de formação, tanto em nível de graduação quanto de pós-graduação; b) ampliar as publicações sobre ética em pesquisa na área; c) estabelecer orientações gerais para a área de educação, a exemplo do que já realizam algumas associações nacionais.

Esses embates éticos também envolvem sempre a questão da "devolução" dos resultados de pesquisa, que certamente não podem se encerrar na escrita do trabalho monográfico final (Oliveira, L. R., 2004), muito menos na sua simples entrega. Rial (2014) reconhece os desafios que envolvem essa etapa, apontando para a extensão universitária como um de seus caminhos; porém ressalta que não há uma fórmula única de realizar esse processo.

Em educação, vejo como recorrentes processos de negociação que envolvem contribuições para a elaboração/revisão do projeto pedagógico da escola, realização de oficinas, palestras, cursos de formação continuada, elaboração de material didático etc. Todas essas maneiras, compreendo como formas legítimas de realizar alguma forma de "devolução" para a comunidade pesquisada, que deve ser sempre negociada e construída coletivamente ao longo da pesquisa de campo. A simples entrega do trabalho final normalmente me parece uma ação pouco efetiva; meus estudantes, quando insistem em fazê-la, costumam me relatar certa frustração na forma como o material é recebido. Entretanto, em alguns contextos, isso pode funcionar; volto a dizer que isso depende dos processos de negociação vivenciados em campo.

ACEITAÇÃO EM CAMPO

Ainda que todas as formalidades sejam cumpridas *a priori*, é interessante perceber que o trabalho de campo demanda algo a mais, pois, de fato, a ideia principal é produzir conhecimento com as pessoas e não sobre elas. Esse princípio implica na existência de diferenças substantivas na forma de produzir conhecimento, tanto com relação a outras ciências (em especial, as naturais), quanto em relação a outros arranjos metodológicos.

Recordo-me de certa vez, conversando com um amigo que fazia doutorado na área das ciências naturais, falávamos sobre as particularidades de cada campo com relação à pesquisa e à escrita. Ele me indagava sobre quais os desafios metodológicos da produção do conhecimento nas ciências sociais, já que ele me falara das suas. Indiquei que um dos maiores desafios é o processo de aceitação em campo, pois meus sujeitos de pesquisa precisavam se dispor a participar do estudo e me aceitar junto deles no processo de produção dele.

É interessante apontar para essa questão prontamente para aqueles que vão começar suas pesquisas, uma vez que ao esbarrar em eventuais problemas nesse ponto pode ser desestimulante. O pesquisador deve compreender que a aceitação em campo tende a ser gradual e envolve um processo contínuo de negociação com nossos sujeitos de pesquisa. Um exemplo bastante conhecido é o de Geertz (1989, p.185) quando realizou sua pesquisa em Bali sobre as brigas de galo; no início de seu campo, ele conta, foi totalmente ignorado:

> Exceto por nosso senhorio e pelo chefe da aldeia, do qual ele era primo e cunhado, todos os demais nos ignoravam de uma forma que só os balineses conhecem. Enquanto caminhávamos sem destino, incertos, ansiosos, dispostos a agradar, as pessoas pareciam olhar através de nós, focalizando o olhar a alguma distância, sobre uma pedra ou uma árvore, mais reais do que nós. Praticamente ninguém nos cumprimentava, mas também ninguém nos ameaçava ou dizia algo desagradável, o que seria até mais agradável do que ser ignorado.

A mudança para Geertz foi movida pelo acaso, quando foi organizada uma rinha de galos na praça da vila, o que era uma atividade ilegal em Bali, cerca de dez dias após sua chegada. Ele com sua mulher foram assistir a rinha e eis que de repente chegou um caminhão com policiais armados, gerando pânico, com os aldeões correndo e gritando "polícia! Polícia". Geertz e sua mulher correram também de forma intuitiva, e se esconderam num galpão onde viram um aldeão entrar. Quando já sentados numa cadeira trazida pela mulher desse aldeão e os policiais indagaram o que eles estavam fazendo ali, foram surpreendidos por uma vívida defesa realizada pelo aldeão. Ainda segundo Geertz (1989, p.187):

> Na manhã seguinte a aldeia, era um mundo completamente diferente para nós. Não só deixamos de ser invisíveis, mas agora éramos o centro de todas as atenções, o objeto de um grande extravasamento de calor, interesse e, principalmente, de diversão. Na aldeia todos sabiam que havíamos fugido como todo mundo. [...] todos estavam muito satisfeitos e até mesmo surpresos porque nós simplesmente não "apresentamos nossos papéis" (eles sabiam sobre isso também), não afirmando nossa condição de Visitantes Distintos, e preferimos demonstrar nossa solidariedade para com os que agora eram nossos coaldeões.

A situação descrita demonstra o peso que os acasos têm no trabalho de campo, mas também a importância de ser aceito para a realização da pesquisa; afinal, Geertz já tinha as autorizações formais (governo, chefe da aldeia), mas isso em si não bastava, ele continuava "invisível". Evidentemente que a questão da aceitação em campo possui inúmeras sutilezas que se vinculam à natureza de nossa pesquisa, bem como aos sujeitos dela. Corsaro (2005) narra um pouco de sua experiência ao produzir uma etnografia com crianças em uma pré-escola, indicando que, primeiramente, observou como os adultos interagiam com elas, de modo sempre muito ativo e controlador, e que ele tentou fazer a estratégia inversa. Ele, em princípio, apenas ficou parado na parte onde as crianças brincavam, o que não teve muito efeito nos primeiros dias, até que no quarto dia ele descreve o seguinte acontecimento:

> Estava me levantando para ir para dentro da escola, quando ouvi alguém dizer: "Que que cê tá fazendo?". Sue tinha se aproximado por trás e, agora, estava perto de mim, na caixa de areia.
> – "Só tô olhando", disse.
> – "Para quê?", ela perguntou.
> – "Porque gosto".
> Então, ela perguntou meu nome. Eu disse (e isso foi importante):
> – "Sou o Bill e você é a Sue".
> Ela recuou dois passos e perguntou:
> – "Como você sabe meu nome?".
> Fiz então uma coisa que adultos não costumam fazer quando falam com crianças pequenas, especialmente quando pensam que elas não vão entender a resposta: Disse a verdade sem tentar simplificar.
> – "Ouvi Laura e algumas outras crianças te chamar de Sue".
> – "Mas como você sabe o meu nome?", perguntou a Sue de novo.
> Batendo na mesma tecla, repeti que havia ouvido que outras crianças a chamavam de Sue. Ela me olhou atônita, virou bruscamente e correu para dentro da escola. Que maravilha! Após vários dias tentando me tornar uma das crianças, e quando, finalmente, uma delas fala comigo eu a apavoro! Mas então a Sue voltou da escola e veio correndo até mim, com o Jonathan. Quando chegaram, o Jonathan perguntou:
> – "Como me chamo?".
> – "Jonathan", respondi

– "Como você sabe meu nome?".

– "Ouvi o Peter [um garoto com quem costumava brincar] e algumas outras crianças te chamar de Jonathan", disse.

– "Viu, não disse que ele sabe mágica?", disse a Sue.

– "Não, não, peraí", retrucou o Jonathan.

"Quem são aqueles ali?", perguntou, apontando para a Lanny e o Frank.

– "Lanny e Frank", respondi com segurança. Conhecia todas as crianças. O Jonathan olhou em torno, tentando achar alguém mais difícil e me perguntou os nomes de mais três. Respondi a todas as perguntas. Então, com um sorriso malicioso, perguntou: "Tá bom, como se chama minha irmãzinha?". Dessa vez, o Jonathan achou que me pegara. Mas eu sabia o nome da sua irmã. A secretária da escola havia me dado uma lista com os nomes das crianças, de seus pais e de seus irmãos e irmãs. Havia decorado muitas dessas informações e, felizmente para mim, lembrava o nome da irmã do Jonathan. (Corsaro, 2005, p.449-50)

O autor aponta como, a partir dessa situação em particular, sua interação com as crianças mudou. Elas passaram a perguntar quem ele era, convidá-lo para participar de suas atividades, ocorrendo uma aceitação gradual no grupo. Também é interessante que Corsaro, ao falar de sua aceitação em campo, refere-se todo o tempo à aceitação por parte das crianças (que eram seus sujeitos de pesquisa) e das professoras. Essa questão me parece ser um dado relevante nas pesquisas etnográficas em educação, uma vez que a instituição escolar envolve uma multiplicidade de agentes, que, ainda que não sejam sujeitos de pesquisa diretamente, estão implicados na etnografia.

A depender dos objetivos, a pesquisa ficar "visível demais" poderia, talvez, atrapalhar. Portanto, também se mostra válido desenvolver algumas estratégias nessa direção, como realizou Maia (2017, p.79) durante sua pesquisa:

Durante o trabalho de campo, busquei me desvincular da figura do estagiário, que na escola era muito comum em todas as disciplinas devido à proximidade com uma universidade. Ora, o estagiário era alguém totalmente associado à figura do professor – um futuro professor –, e, portanto, se eu fosse visto como tal, os alunos iriam se sentir pouco à vontade em conversar comigo sobre como avaliavam seus professores. Pela mesma razão, evitava ficar na sala dos professores. Meu contato com os alunos também se deu em lugares fora da escola.

Ao longo do ano, frequentei com eles um museu e um teatro da cidade, a praça próxima à escola, lanchonetes e, diversas vezes, o maior *shopping* da cidade, para onde muitos iam ao término das aulas. Logo no início do ano letivo, participei de uma manifestação que promoveram para reivindicar melhores condições de ensino na escola. Junto aos alunos, minha participação na manifestação foi um momento importante para que eu pudesse ganhar sua confiança.

Esse "problema" de ser considerado como um outro professor é recorrente em pesquisas em escolas, Corsaro (2005) demonstrou essa preocupação em seu campo, ficando receoso quando as professoras pediram para que ele auxiliasse com a tarefa de levar as crianças ao banheiro. Eugênio (2003) relata a mesma situação, de ser inclusive chamada de "tia" pelos estudantes da escola na qual ela realizou sua pesquisa. Se considerarmos as relações de poder que estão postas no contexto escolar, como já enfatizado por Willis (1991) e McLaren (1992), devemos ter em mente que a forma como entramos em campo pode ter implicações sobre as possibilidades que nos são postas para a realização de nossas pesquisas nas escolas.

Isso não significa, em absoluto, que não seja possível pesquisar instituições das quais já fazemos parte, e nas quais já estamos imersos nas relações de poder postas. Vagner Gonçalves Silva (2006), ao pesquisar sobre a trajetória de pesquisadores do campo das religiões afro-brasileiras, encontrou posições muito heterogêneas; para alguns, o processo de iniciação, de "tornar-se nativo" e se inserir nas relações de poder da comunidade pesquisada mostrou-se como uma etapa fundamental para acessar determinados espaços e discussões, ao passo que, para outros, o distanciamento e o reconhecimento de que eles não apenas não eram nativos, como não viriam a ser, mostrou-se fundamental para também ter acesso a outros espaços e discussões que não teriam na condição de nativos.

Essa ponderação é especialmente relevante no contexto das pesquisas etnográficas em educação, pois, como já mencionado, é recorrente o caso de agentes escolares que resolvem realizar pesquisas em suas próprias instituições. Não acredito que haja uma posição absoluta que exclua automaticamente essa possibilidade, ainda que se deva estar atento para as implicações éticas dessas escolhas. Penso que seja fundamental explicitar no texto de onde se fala, como o pesquisador se insere nas relações que estão postas em campo, e refletir sobre as possíveis implicações sobre os resultados encontrados e as conclusões elaboradas. Ademais, é uma falsa evidência acreditarmos que o simples fato de pertencermos a determinado campo como agentes que seremos automaticamente aceitos como pesquisadores. Beserra (2016) descreve os impasses que teve durante sua pesquisa ao se propor a realizar uma etnografia no ensino superior, indicando tensões e dificuldades para a realização de sua pesquisa.

4

Observando a realidade escolar

O QUE OBSERVAR NA ESCOLA?

Interessante perceber que, apesar das leituras, das discussões e do planejamento, a ida a campo causa normalmente alguma insegurança nos pesquisadores, como todo ritual de passagem, obviamente. Ouvir de outros etnógrafos que eles sentiram algo parecido pode ser acalentador, mas não faz desaparecer esse sentimento em nós. Rosistolato e Prado (2019), em sua experiência orientando trabalhos etnográficos em educação, apontam para o fato de que, embora tenham discutido profundamente questões-chave da etnografia e da observação participante, novas dúvidas emergem entre seus estudantes durante o exercício de ida a campo.

Compreendo que, iniciada sua pesquisa e após a entrada em campo, fica sempre a dúvida sobre o que observar; claro que seu projeto de pesquisa e seus objetivos em grande medida vão nortear sua observação, seu olhar. Porém, ainda que se possa reconhecer que há aspectos que podem interessar mais a sua pesquisa, o olhar etnográfico necessita de lentes mais amplas, pois sua construção demanda a capacidade de conectar fatos e fenômenos que podem parecer não conectados num primeiro momento. Volto-me novamente a Geertz (2012, p.48), que afirma:

> Compreender um modo de vida ou, de qualquer forma, alguns de seus aspectos até certo ponto, e convencer a opinião alheia de que realmente isso foi feito, envolve mais que a reunião de pormenores reveladores

ou a imposição de narrativas genéricas. Trata-se de juntar as imagens e os fundamentos, a ocasião passageira e a história alongada, em panoramas coincidentes.

Esse aspecto me parece especialmente relevante no caso das escolas, pois, apesar de podermos afirmar que há uma cultura escolar, que rotiniza práticas próprias desse tipo de instituição, é na observação dos detalhes que podemos captar o que é singular a determinada escola. Ao final, o desafio de uma etnografia convincente reside, justamente, na capacidade de operacionalizar o singular e local com o geral, ou ainda, segundo Mauss (1993), na capacidade de realizar uma observação tão completa, tão desenvolvida quanto possível, sem nada omitir. Nessa direção, a etnografia escolar envolve tanto uma descrição da cultura escolar quanto da cultura da escola, compreendidas aqui como:

> A cultura escolar, portanto, seria aquela presente nos sistemas de ensino de um modo geral, e representa um modo de operacionalizar o conhecimento dentro de instituições específicas nas sociedades modernas. Em certa medida, os sujeitos que foram socializados em estabelecimentos escolares tendem a reconhecer seus códigos de funcionamento, e para estes, o texto etnográfico que busque captar sua dinâmica não chega a trazer espanto.
>
> Por outro lado, a cultura da escola, em minha compreensão, revela a heterogeneidade que se escamoteia na aparente homogeneidade dos sistemas de ensino. Pois, nos remete a como que a cultura escolar se operacionaliza em termos empíricos dentro de uma dada realidade, marcada por suas idiossincrasias, ainda que com isso não perca também suas características "gerais". (Oliveira, A., 2020, p.8)

É nesse movimento que a observação etnográfica possibilita a compreensão de que os casos estudados não são casos particulares e isolados simplesmente, mas que se relacionam a outros fenômenos sociais, inserem-se em uma teia de relações, e para captá-la é necessário estar com outros, estar disposto a ouvi-los e entender o sentido que atribuem a suas práticas.

Obviamente que a divisão que estou propondo entre cultura escolar e cultura da escola existe no nível analítico, uma vez que, em termos práticos, a cultura escolar se expressa em cada instituição por meio da cultura da escola. Mesmo o estudo de Willis (1991), que envolve a compreensão do que ele denomina de contracultura escolar por parte dos estudantes provindos de classes operárias na Inglaterra, só consegue compreender este fenômeno ante uma análise de como funcionam os mecanismos internos da instituição escolar. Nessa mesma direção, Rockwell e Ezpeleta (1989) destacam a etnografia como forma de acessar o cotidiano escolar e de compreender a forma como a escola se insere na sociedade de classes.

É necessário observar o que faz daquela escola uma escola, ou seja, todas as práticas que envolvem as instituições escolares e que aqui são replicadas. Ao mesmo tempo, deve-se atentar para o que faz daquela escola *aquela* escola, no sentido de compreender como tais práticas são realmente vivenciadas pela comunidade escolar. Isso implica em dizer que a observação deve ser feita incluindo o "vaivém" das pessoas na escola e também as produções simbólicas e materiais realizadas naquele espaço. Observar os documentos oficiais da escola, o material escolar utilizado, os cartazes espalhados, o uniforme escolar. C. Brandão (2007, p.17) dá o seguinte exemplo:

> por que os mesmos pais que têm um interesse muito grande em que os filhos participem da escola não têm um interesse eles próprios de participar de um trabalho de envolvimento entre escola e comunidade? Que lugar simbólico, que lugar social é dado à escola pela diretora, pelo professor, pelos pais, pelas pessoas da comunidade que não têm filhos na escola? Isso é algo que se capta observando. Observando as relações que essas pessoas estabelecem entre si dentro do contexto da escola e fora do contexto da escola. Por exemplo, a maneira como nós observamos as pessoas da comunidade tratando as professoras do lugar diz muito a respeito disso. Isso é alguma coisa que se sabe também perguntando às pessoas a respeito.

É na tentativa de observar essas relações na escola que podemos compreender como os fatos se relacionam entre si. Tomemos outro exemplo que compreendo como significativo para a dinâmica da escola brasileira: a questão do racismo. Sabemos que a questão da raça existe cientificamente como uma construção social (Guimarães, 2003), daí a relevância do ensino de história e cultura afro-brasileira na escola

(Munanga, 2015) e das pesquisas sobre relações raciais no contexto escolar para embasar essa discussão. Considerando tais aspectos, é importante que o pesquisador que se volta para essa questão na realidade escolar observe as representações produzidas, o que é dito nas entrelinhas, os comportamentos e orientações escolares, e como tais questões ligam-se a questões mais gerais de nossa sociedade. Tomemos como exemplo as observações realizadas por Gomes (2002, p.45):

> Na escola também se encontra a exigência de "arrumar o cabelo", o que não é novidade para a família negra. Mas essa exigência, muitas vezes, chega até essa família com um sentido muito diferente daquele atribuído pelas mães ao cuidarem dos seus filhos e filhas. Em alguns momentos, o cuidado dessas mães não consegue evitar que, mesmo apresentando-se bem penteada e arrumada, a criança negra deixe de ser alvo das piadas e apelidos pejorativos no ambiente escolar. Alguns se referem ao cabelo como: "ninho de guacho", "cabelo de bombril", "nega do cabelo duro", "cabelo de picumã"! Apelidos que expressam que o tipo de cabelo do negro é visto como símbolo de inferioridade, sempre associado à artificialidade (esponja de bombril) ou com elementos da natureza (ninho de passarinhos, teia de aranha enegrecida pela fuligem).
>
> Esses apelidos recebidos na escola marcam a história de vida dos negros. São, talvez, as primeiras experiências públicas de rejeição do corpo vividas na infância e adolescência. A escola representa uma abertura para a vida social mais ampla, em que o contato é muito diferente daquele estabelecido na família, na vizinhança e no círculo de amigos mais íntimos. Uma coisa é nascer criança negra, ter cabelo crespo e viver dentro da comunidade negra; outra coisa é ser criança negra, ter cabelo crespo e estar entre brancos.
>
> A experiência da relação identidade/alteridade coloca-se com maior intensidade nesse contato família/escola.

Percebamos que a autora articula elementos existentes no cotidiano escolar que expressam o racismo presente em nossa sociedade – alguns mais "sutis" como a exigência de "arrumar o cabelo", outras mais explícitas, como a forma pejorativa de se referir ao corpo dos sujeitos negros – com questões mais estruturais em nossa sociedade e suas implicações na realidade escolar.

Quero demonstrar com esse exemplo que a observação etnográfica conjuga diversos elementos que compõem a realidade com a qual estamos interagindo. Evidentemente, corre-se sempre o risco de haver "mal-entendidos", afinal, o que fazemos é uma interpretação da interpretação que o nativo faz de sua própria cultura (Geertz, 1989). As leituras teóricas, a revisão de literatura, a análise documental, as entrevistas, todos esses elementos são combinados à observação, justamente, para que possamos "reduzir" os "mal-entendidos".

Como bem colocam Beaud e Weber (2007), a observação etnográfica assenta-se no entrelaçamento de perceber, memorizar e anotar. Há situações em que você pode tomar notas com mais frequência, como no contexto de uma aula na qual está apenas sentado ao fundo observando o desenrolar, mas há outros, sobretudo quando há mais interação, em que as anotações são mais difíceis de ser realizadas, e será preciso fazê-lo *a posteriori*. Goldman (2003, p.455-6), ao se referir a sua própria experiência de campo, coloca-nos o seguinte:

> Por um lado, porque em geral eles também são meus amigos e eu me sentia constrangido em agir como "pesquisador"; por outro, porque continuo acreditando que o trabalho de campo antropológico não tem muita relação com as entrevistas, ainda que – mas sempre no final da pesquisa, quando o etnógrafo já possui um certo controle sobre os dados e as relações com os informantes – estas possam servir como complemento das informações obtidas por outras vias.
>
> Ora, em meu caso, essas outras vias sempre foram uma convivência intensa e quase cotidiana com membros do movimento negro de Ilhéus. Entretanto, dado o caráter segmentar desse movimento, foi preciso e inevitável que essa convivência fosse diferenciada. O que significa que, o que costumamos denominar "ponto de vista nativo", [*sic*] não deve jamais ser pensado como atributo de um nativo genérico qualquer, negro, de classe popular, ilheense, baiano, brasileiro ou uma mistura judiciosa de tudo isso. Trata-se sempre de pessoas muito concretas, cada uma dotada de suas particularidades e, sobretudo, agência e criatividade.

Isso nos leva a perceber que a forma como a observação vai sendo combinada com outros recursos depende também do próprio campo, das autorizações recebidas, das negociações realizadas e da forma como os sujeitos de pesquisa e o pesquisador sentem-se mais confortáveis. No meu primeiro trabalho de campo mais intenso, que foi no mestrado, não me era permitido gravar as entrevistas, tampouco fotografar os rituais religiosos que eu estava observando. Todavia, pude fotografar os espaços e mesmo as pessoas em momentos nos quais os rituais não estavam ocorrendo; também pude realizar observações, anotações, entrevistas, longas conversas e aprender com pessoas que estava pesquisando a lógica de suas práticas, que era meu principal objetivo.

REALIZANDO ENTREVISTAS

A entrevista é possivelmente um dos recursos mais utilizados entre as metodologias qualitativas, de modo que seu uso não se restringe ao contexto das pesquisas etnográficas. Eu mesmo já realizei pesquisas nas quais a entrevista era o principal meio para a obtenção de dados, e, ainda que fossem pesquisas antropológicas, não eram etnográficas. Isso é importante de ser dito, pois, eventualmente, pode-se ter a equivocada impressão de que ir a campo fazer algumas entrevistas constitui uma pesquisa etnográfica, o que não se sustenta.

Refiro-me nesta seção, portanto, à realização da entrevista no contexto do "encontro etnográfico", no qual o ouvir complementa nossa atividade de ver (Oliveira, R. C., 2006). Claro que afirmar isso não significa que a observação e a entrevista constituem etapas lineares no trabalho de campo, mas há caminhos que me parecem mais viáveis. Tendo a pensar que para uma etnografia funcionar bem em campo, o ideal é primeiro não apenas estar familiarizado com ele, mas também que os sujeitos de pesquisa estejam familiarizados com você e, caso já o conheçam por outros meios, que estejam familiarizados com você na condição de pesquisador. Como já foi indicado também, se considerarmos que o próprio projeto de pesquisa vai sendo modelado e remodelado ao longo do trabalho de campo, os objetivos vão ficando mais claros, e isso ajuda a pensar um roteiro de entrevista mais adequado, ainda que esse roteiro deva ser pensado mais como um guia com tópicos para uma conversa que um manual de um interrogatório.

Gomes, Faria e Bergo (2019) descrevem as transformações que uma entrevista pode trazer à pesquisa etnográfica. Inicialmente interessados em práticas pedagógicas no ensino de percussão, os pesquisadores se viram instigados por outro assunto surgido numa conversa: em dado momento de uma entrevista, quando o entrevistado revela ser ogã, o pesquisador prontamente o indaga com espanto "Você é o quê? Ogã? Que é isso?" A pesquisa muda, então, de direção. Conforme os autores:

A partir daquele momento, uma nova etapa do estudo teve início, visando localizar mais precisamente na história de vida desse rapaz as circunstâncias que possibilitaram o seu acesso ao universo musical e artístico e, mais especificamente, como se deu seu aprendizado da percussão. Entretanto, no processo de adensamento do trabalho de campo, houve um convite para que a pesquisadora conhecesse seus familiares e sua residência, onde funcionava um terreiro de umbanda comandado por seu irmão. Esses episódios acabaram se configurando como passos decisivos para a redefinição dos contornos da pesquisa. (Gomes; Faria; Bergo, 2019, p.121)

Considerando tais possibilidades, a estratégia que tendo a adotar para minhas entrevistas, normalmente, é de ter os pontos que pretendo tocar, quais questões quero abordar, mas sem me fechar, deixar o processo o mais próximo possível de uma conversa, e principalmente deixar meus sujeitos de pesquisa falarem, considerando que uma das marcas da etnografia é seu caráter polifônico (Clifford, 2011). A importância da polifonia do texto etnográfico fica ainda mais evidente quando consideramos o debate pós-colonial e a necessidade de produzirmos textos cognitivamente radicais (Carvalho, 2001).

Becker (2007), ao compartilhar sua experiência em campo, também nos dá uma dica valiosa, que consiste em optar preferencialmente por perguntas com "como?" ao invés de perguntas com "por quê?". Segundo o autor, em sua experiência de campo, as perguntas com "por que" tendem a despertar uma postura mais defensiva nos entrevistados, ao passo que aquelas com "como" normalmente levavam os entrevistados a contar histórias mais longas, com mais detalhes, incluindo não só suas próprias ações como também a contribuição de outras pessoas para o resultado de determinado acontecimento.

Recordemos que o objetivo da etnografia é captar o sentido que os sujeitos atribuem a suas ações (Geertz, 1989), sendo assim, a entrevista deve ser um convite à reflexão sobre suas próprias práticas. Tais práticas, devemos lembrar, estão postas não apenas no nível individual, mas também no nível coletivo, no nível das relações, portanto, a entrevista deve conceber seu sujeito de pesquisa inserido em sua teia de relações. Entrevistar um professor sobre suas aulas deve ser algo que não se resume a compreender como ele planeja e executa suas aulas, mas também deve-se abordar sua relação com outros professores e alunos, sua trajetória familiar, sua inserção em outros espaços como sindicatos, grupos de amigos etc.

Willis (1991), para compreender a cultura contraescolar, combina um conjunto de recursos metodológicos na construção de sua etnografia. Segundo o autor "O grupo principal foi estudado intensivamente por meio de: observação e de observação participante na classe, ao redor da escola e durante as atividades de lazer; discussões regulares de grupo, registradas; entrevistas informais; e diários" (Willis, 1991, p.16). Para atingir seu objetivo, ele não entrevistou apenas os rapazes, mas também professores, pais dos estudantes, orientadores vocacionais. Apesar do centro de sua pesquisa girar em torno dos estudantes e sua relação com a escola, o esforço do Willis era captar etnograficamente suas realidades, o que implicava também em conhecer as teias de relações nas quais estavam inseridos.

Um dos aspectos que chama mais atenção no trabalho de Willis (1991) foi sua capacidade de apreender as categorias nativas que aparecem no cotidiano escolar, as regras não escritas formalmente. Uma categoria nativa que é bastante complexa é a de "dedurar", que infringe o código moral dos rapazes na escola, mas que ao mesmo tempo é descrita por outros agentes escolares (os professores) a partir de outra categoria nativa "dizer a verdade". O autor articula de maneira concomitante essa dupla relação entre as categorias nativas com os processos de dominação existentes na cultura escolar e os modos como a instituição escolar operacionaliza essa dominação.

Tassinari (2015), buscando analisar os processos de aprendizagem intergeracional entre os Galibi-Marworn, combina a observação etnográfica com entrevistas realizadas com os adultos e desenhos feitos pelas crianças. Considerando o contexto de pesquisa com crianças e o foco da autora no processo de aprendizagem, a pesquisadora opta por essa combinação metodológica, apresentando primeiramente os processos de aprendizagem na prática pelas mãos das crianças.

Tanto com o exemplo do trabalho de Willis (1991) quanto com o de Tassinari (2015), quero apontar que a entrevista na pesquisa etnográfica deve ser pensada em campo, não deve ser trazida como um roteiro a ser aplicado no campo, mas deve ser construída nele. É no campo que o pesquisador terá maior clareza sobre quem precisa entrevistar, quais questões deverão ser abordadas e de que modo. Claro que seus sujeitos de pesquisa falam por si, cada estudante entrevistado por Willis, por exemplo, não representa um estudante genérico, ele possui concretude em suas falas e ações, e é justamente isso que a etnografia tenta captar.

Sempre que um estudante meu inicia um novo trabalho de campo, mesmo no caso daqueles que não farão etnografias, mas que utilizarão entrevistas, sempre sugiro o mesmo exercício. Em vez de tentar realizar o maior número de entrevistas num primeiro momento, peço que faça uma única entrevista-piloto, que tome notas durante a situação em que a entrevista ocorre e que, depois de transcrita, a leia de forma reflexiva. Penso que a entrevista, quando realizada, dá-nos mais concretude, deixa de ser apenas um roteiro e passa a ganhar vida. Vale a pena, então, refletir (preferencialmente com o orientador e/ou grupo de pesquisa) sobre aspectos que funcionam melhor ou pior, considerando os objetivos da pesquisa, quais questões poderiam ser mais desenvolvidas, quais outras poderiam ser suprimidas. Acredito que isso traz um ganho qualitativo na realização das entrevistas seguintes.

No caso das entrevistas com professores e gestores, creio que é necessário reconhecer que, nesse terreno, nos aproximamos mais de uma antropologia simétrica (Latour, 1994), deslocando-nos radicalmente para nossa própria sociedade. Acredito que, entre os professores e gestores, o sentimento de que o pesquisador realiza em campo uma atividade de natureza avaliativa, nos termos postos por Becker (2013), é ainda mais recorrente. É necessário esclarecer ao máximo o caráter de sua pesquisa para que esse sentimento possa ser reduzido, ainda que dificilmente desapareça por completo.

Ademais, deve-se reconhecer tanto a especificidade das relações de poder que se constituem na instituição escolar, as hierarquias simbólicas e materiais na quais os professores estão inseridos, quanto as tensões que por vezes se estabelecem entre a academia e as instituições escolares. É necessário pensar a elaboração do roteiro de modo a não conduzir as respostas dos sujeitos, ou mesmo de indicar uma resposta "esperada".

Tenho orientado vários trabalhos sobre ensino de sociologia na escola, em diferentes níveis da iniciação científica ao pós-doutorado, e, para aqueles que estão começando a fazer pesquisa empírica, peço sempre que me elaborem uma proposta de roteiro de entrevista, sendo bastante recorrentes perguntas como "qual a importância da disciplina de sociologia na sua opinião?" Veja, na pergunta já se está atribuindo um valor *a priori*, pois subentende-se que o entrevistador parte do pressuposto de que essa disciplina possui importância/relevância no contexto escolar, o que poderia estar em desacordo com a perspectiva do entrevistado. Normalmente, oriento então meus estudantes a pensarem perguntas mais amplas, algo como: "Você poderia nos contar um pouco como é o ensino de sociologia na sua escola?", "Como os alunos se relacionam com essa disciplina?" Não esqueçamos que os dados construídos a partir das entrevistas serão articulados com a observação, não devendo ser examinados de maneira isolada.

O REGISTRO VISUAL

Apesar de, para alguns, poder soar como uma novidade, o uso de registros visuais é uma prática bastante enraizada nas pesquisas etnográficas. Todavia, Samain (1995) chama a atenção para o uso da fotografia nas pesquisas de campo de Malinowski, que põe em evidência o inter-relacionamento fotografia e texto no discurso antropológico. Mendonça (2006), por outro lado, aponta para o uso intensivo dos registros visuais no trabalho de Margaret Mead, demonstrando como ela utilizou as fotografias de diversas maneiras, desde a pesquisa até a apresentação dos resultados.

O registro visual de pessoas, espaços e coisas constitui um aspecto importante do trabalho de campo, que possui a finalidade de não apenas "ilustrar" o que está escrito, mas sim de construir uma narrativa própria. Compreendo que o registro visual, tal como a descrição escrita, constitui uma elaboração do pesquisador a partir de seu olhar sobre determinada realidade. Como indica Koury (1999, p.64):

> O real da foto é singularmente a realidade que a foto apresenta, misturada ao olhar que vê e a realidade imaginária das relações que fundam

esse olhar, como uma curva de vida particular. A realidade fotográfica é, assim, sempre uma construção estética, amparada nas configurações do real de vários olhares que fundam a constituição final do produto fotografia no público.

Penso que algumas questões são importantes de ser consideradas quando falamos de registro visual, pois nem todos os rituais, nem todos os momentos podem ou devem ser registrados desse modo. Novaes (2012, p.18) compartilha a seguinte reflexão sobre sua experiência com uso de fotografias em campo:

> Como todos os outros pesquisadores que trabalharam entre os Bororo, fotografei inúmeros rituais, principalmente o funeral, que pode durar até três meses. Para fotografar rituais é importante que o pesquisador tenha de antemão uma boa ideia de como o ritual irá se desenrolar, para que possa se posicionar adequadamente e esteja presente em todas as situações consideradas relevantes. Desde que tenha algum tipo de autorização para fotografar, em geral o pesquisador goza de bastante autonomia nestes momentos. Sempre me impressionou o fato de que em momentos rituais, os Bororo estavam tão envolvidos em suas atividades que mal percebiam minha presença com a câmera. Nunca deixei de perguntar a algum adulto que me era próximo, se podia ou não fotografar e nunca me foi negado este direito. Mas vale lembrar que rituais entre os Bororo podem durar muitos dias, implicam grandes investimentos – mate, fumo, carne e outros alimentos, além de toda a parafernália de artefatos e ornamentos rituais – e o antropólogo fotógrafo deve igualmente contribuir nestas ocasiões.
>
> Nunca paguei em dinheiro por uma foto entre os Bororo, por outro lado, nunca deixei de levar na viagem seguinte as fotos que havia captado anteriormente. Nunca solicitei a eles uma autorização por escrito para fotografar. Sociedades indígenas não são "sociedades de contrato" em que uma autorização assinada permita a captação de fotografias ou de uso de imagem. Por outro lado, apesar de ter um grande acervo de imagens de minha pesquisa entre os Bororo, até hoje reluto em publicá-las num livro de fotos, como muitas vezes já me sugeriram. Para isso teria efetivamente que enfrentar a seara de direitos de imagem, que envolvem, no caso de meu acervo, uma autorização da Funai, e imagino que de pessoas que representem as aldeias em que fotografei.

Apesar da especificidade que envolve a pesquisa em comunidades indígenas – que eventualmente pode ser o caso de algum leitor que se dedica a pesquisas no campo na educação indígena – penso que Novaes traz reflexões importantes para aqueles que desejam utilizar esse tipo de registro. Também em seu debate a autora destaca a necessidade de retornar com esses registros visuais para seus sujeitos de pesquisa, o que pode se mostrar também como uma estratégia importante em campo, pois permite ao pesquisador introduzir questões, esclarecer dúvidas, colher depoimentos, acompanhar as discussões que as fotos suscitam entre as pessoas.

Caputo (2012), em seu trabalho sobre educação e terreiros, destaca o papel da fotografia em seu estudo, e de como o retorno do registro para a comunidade possibilitou que ela avançasse na pesquisa, já que o debate que eles realizavam em torno das imagens trazia elementos que ela não havia percebido em campo, que haviam escapado de seu registro escrito e de sua própria interpretação do que foi registrado.

No campo de pesquisas com crianças, é recorrente a combinação entre a observação participante e o uso de desenhos, principalmente quando estamos falando de crianças pequenas em idade pré-escolar. Pires (2007, p.236) traz as seguintes reflexões a partir de sua própria pesquisa de campo com crianças:

> Na pesquisa por mim empreendida, os desenhos foram largamente utilizados como material de pesquisa complementar à participante. Ao desenhar sobre um tema proposto, as crianças colocam no papel o que lhes é mais evidente. Nesse sentido, o desenho é um material de pesquisa interessante para captar justamente aquilo que primeiro vem à cabeça, aquilo que é mais óbvio para a criança. Porém, quando combinado com a observação participante, é que os dois instrumentos potencializam a sua utilidade. Os desenhos podem funcionar como um guia para a observação participante. Com os desenhos à mão, é possível direcionar o olhar para a realidade de acordo com os tópicos levantados pela população estudada. De outro lado, a observação participante dá corpo ou refuta as sugestões que os desenhos engendram.

A autora indica ainda que, recorrentemente, as crianças copiam o desenho uma das outras, principalmente as mais novas das mais velhas. No entanto, apesar de orientar inicialmente que não tentassem olhar o desenho do colega e que, se olhassem, tentassem fazer algo diferente, pois não havia certo ou errado, ela afirma não ter interferido nessa ação das crianças. Indica ainda uma preocupação de não ser confundida com a figura da professora em campo, dada a forma como normalmente se dá esse tipo de relação, que pressupõe (em grande medida) uma assimetria de saber.

Nesse contexto, os desenhos ganham importância não apenas como "produto final", pois a observação também recai sobre sua produção, as trocas que ocorrem em sua elaboração etc. Partindo da experiência desses pesquisadores, é possível perceber que o uso de cursos visuais na pesquisa etnográfica não se reduz a uma dimensão "ilustrativa" do campo. Seu momento de produção e circulação constituem também etapas da observação e possibilitam ao pesquisador analisar novos aspectos do campo, e ao leitor, acessar outra narrativa da pesquisa.

É recorrente que nas escolas haja registros visuais diversos, fotos de formatura, de festas; os professores e alunos também podem possuir registros de seus momentos de confraternização e outros mais solenes. É possível fazer uso desses registros, conversar com as pessoas sobre aquele momento, aquela situação, abrir novos diálogos a partir daí. Assim como retornar com os registros feitos pelo pesquisador e conversar com seus sujeitos de pesquisa sobre eles. Esse tipo de circulação das imagens possibilita um melhor entrelaçamento entre o que se vê, o que se ouve e o que se escreve, o que é fundamental para esse tipo de pesquisa.

5

A escrita etnográfica

Uma seção sobre diário de campo poderia estar situada no capítulo sobre o campo, afinal, o diário acompanha fielmente o pesquisador em campo, ainda que sua escrita possa ocorrer apenas quando se retorna dele. Entretanto, parto de uma compreensão de que a escrita etnográfica possui diferentes momentos, sendo o diário um deles, de modo que considero importante refletir de forma conjunta sobre ele e sobre a tese. Essa organização também reflete minha posição nesse debate, que tende a pensar o diário, a reflexão etnográfica e a escrita da tese de forma articulada.

A ideia de diário não é algo totalmente estranho à realidade escolar, os famosos diários de classe fazem parte do cotidiano dos professores, que registram, ainda que de forma sucinta, seu cotidiano em sala de aula, normalmente com uma ênfase maior nos conteúdos e nas atividades pedagógicas desenvolvidas. O diário de campo possui uma função similar, visto que registra o cotidiano do pesquisador em campo. Registra-se nele o que foi observado, as interações, as impressões, ideias, esquemas mentais. Ele acompanha o pesquisador desde as ideias iniciais de sua pesquisa até sua conclusão, devendo ser lido e relido continuamente (sempre cabendo mais anotações). Ele constitui talvez a principal ferramenta do pesquisador em campo.

É o diário que permite o distanciamento indispensável no trabalho de campo e que permitirá mais tarde a análise do desenvolvimento da pesquisa. É também ele que mostra, a cada etapa da reflexão, os laços entre as diversas hipóteses levantadas pelo pesquisador e o momento do estudo em que essas hipóteses foram reformuladas. É o diário, por fim, que permitirá efetuar, na medida do possível, uma autoanálise. Se todo esse processo não é possível sem o diário de campo, é necessário, entretanto, que ele não seja confundido com o texto final, no qual alguns trechos do diário serão utilizados e analisados, e outros não. Ou seja, o processo mesmo de autocensura e a condição em que ela foi processada, no momento da publicação e não da escrita do diário, fazem também parte do trabalho de pesquisa (Weber, 2009, p.168-9).

Por causa dessas características, é interessante, para uma melhor sistematização do trabalho de campo, que o etnógrafo possua diversos cadernos nos quais realiza diferentes tipos de anotações, sobre seu cotidiano, suas entrevistas, suas sensações em campo. Ainda que não possamos dizer que há a rigor regras sobre como organizar o diário de campo, há sempre dicas que parecem ser interessantes, como indica Azevedo (2016, p.111) ao seguir o conselho de outro colega antropólogo:

> recebi a minha primeira e única lição sobre como fazer um diário de campo. Sua preciosa recomendação foi a seguinte: escrever na página direita, deixando a esquerda livre, pois assim eu poderia retomar as minhas notas, fazer comentários e acrescentar informações na página em branco, sem rasurar o que já havia escrito, nem ter a necessidade de criar algum sistema de referência complicado.

Essa forma de organização pode ajudar a organizar as ideias, incluir gráficos, desenhos, lembretes etc. Como já alertado em seções anteriores, deve-se anotar em seu diário seus "sucessos" e seus "fracassos" em campo, quando um sujeito de pesquisa não aparece num dia em que uma entrevista foi marcada, quando essa entrevista é remarcada muitas vezes ou, pelo contrário, quando seu entrevistado demonstra muito interesse em sua pesquisa e, eventualmente, o convida para realizá-la em sua própria casa. Acredito que o diário deve cumprir esse papel de registrar ao máximo sua experiência em campo, possibilitando assim que sua leitura e releitura tenha um caráter profundamente reflexivo, que nos leve a repensar o espaço escolar, suas dinâmicas e suas relações de poder (Sales; Beserra, 2019).

Normalmente, no contexto escolar, não há grandes problemas em estar com um caderno e um lápis em mãos. Maia (2017, p.80) realiza os seguintes apontamentos acerca do uso de seu diário de campo numa pesquisa etnográfica em escola:

> Durante as aulas, eu sempre deixava alguns papéis espalhados pela mesa, além de um pequeno bloco de notas, em que fazia anotações curtas. Como alguns professores e alunos demonstravam certa curiosidade pelo que eu escrevia, vindo à carteira onde me sentava para inspecionar com o olhar meus papéis, passei a fazer as mesmas anotações no telefone celular, o que passava a impressão de que eu estava fazendo outra coisa. Em uma das aulas, enquanto eu usava o telefone para fazer as notas, um aluno me disse: "só no Facebook hein, parceiro?". Quando saía da escola, escrevia um diário de campo mais minucioso a partir das notas que eu havia tomado. Quando ouvia alguma fala que julgava muito significativa, eu procurava, assim que possível, algum lugar afastado e repetia, gravando minha própria voz, o que fora dito por meus interlocutores. Com o celular tirei também muitas fotos, algumas a pedido dos próprios alunos, para quem eu as enviava. Diversas seriam publicadas por eles em suas redes sociais.

Claro que de vez em quando nossa pesquisa pode envolver contextos educativos não escolares, nos quais a anotação no caderno pode não ser viável, ou ainda situações de participação que demandem certo desprendimento desse instrumento. Porém, mesmo no caso em que é possível anotar em campo, o exercício de chegar ao final do dia e escrever sobre o campo, inserir notas, reler o que foi feito deve ser diário (Calavia Sáez, 2013). Isso serve tanto para aqueles que preferem utilizar literalmente um caderno quanto para os que preferem inserir as informações diretamente no computador. Caso apenas seja possível realizar as anotações posteriormente, sugiro seguir os conselhos de Beaud e Weber (2007, p.107):

> Quando tudo acabou (fiquei um bom tempo após para verificar que, de acordo com os lugares ocupados, o evento não termina de uma só vez), dirija-se então para sua casa (ou a um cantinho *absolutamente* tranquilo) e abra seu caderno nas páginas da direita. Ali você encontra (e relê) o que

anotou antes do evento. É possível que você disponha de uma boa coleção de lembranças: objeto, textos, fotos, notas de participante.

Espalhe-as diante de si e comece a anotar:

- o desenrolar cronológico do evento;
- o esquema dos diferentes lugares (pode haver vários esquemas se os participantes se deslocaram);
- o que você fez;
- o que ouviu;
- o que o chocou ou lhe agradou;
- sua análise (provisória).

Apoie-se nesses ajuda-memória. Crie legendas com precisão (quem lhes deu, em que momento, qual era o papel deles). Não se esqueça de interrogar-se sobre os diferentes "começos" do evento segundo as pessoas e sobre seus diferentes "fins". Não terá dificuldade alguma em anotar tudo que tiver previamente memorizado, isto é, notado. Faça-o na sequência em que isso lhe retorna à memória e, a seguir, classifique de novo suas notas. Quanto melhor tiver distinguido as diferentes fases no decorrer do evento, tanto melhor delas se recordará e as anotará. A observação é uma observação "mental" (como se diz "cálculo mental") bem mais que uma observação visual ou sensível, pois você anota e memorizar palavras ouvidas, lugares nomeados, ações nomeadas.

Para além dessas dicas mais práticas, é importante considerar que, apesar da centralidade do diário, ele não constitui seu texto final. Como bem explicita Weber (2009, p.159): "o diário do etnógrafo, na sua escrita primeira, não é ainda um 'texto': é um conjunto sem coerência prevista em cadernos ou em folhas, mais ou menos estruturadas, mais ou menos ordenadas, segundo os momentos da pesquisa e as fases da investigação". Afinal, nem tudo que está no diário foi escrito para ser publicado, a exemplo dos chamados "diários íntimos" do pesquisador, cujo exemplo mais célebre certamente é o de Malinowski, que o teve publicado postumamente sob o título de *Um diário no sentido estrito do termo* (1997 [1967]). Segundo Geertz (2005), sua publicação teve forte efeito na comunidade de antropólogos, que se perguntaram "Mas o que vamos dizer para as crianças agora?"

DO DIÁRIO PARA A TESE

Como já dito anteriormente, o diário de campo não é o "texto" final no sentido estrito do termo, apesar de ser nele que fazemos a primeira escrita, que organizamos nossas ideias e nossos esquemas mentais, muitas vezes ainda quando estamos em campo. Entretanto, isso não significa que o momento do campo e o momento da tese estejam totalmente apartados. Como bem pondera Strathern (2014), o momento etnográfico é uma relação constituída da inter-relação entre a observação (campo) e a análise (escrita).

Essa inter-relação entre o campo e a escrita é algo importante de se considerar para não criarmos uma divisão artificial entre os dois momentos. Se compreendermos ainda a etnografia como um processo de aprendizagem, como bem ponderam Gomes, Faria e Bergo (2019), é também uma inter-relação entre o que se aprende e contar o que se aprende. Como bem elabora Geertz (2005), a escrita etnográfica constitui-se a partir desses dois momentos fundamentais, o "estar lá" e o "estar aqui", no sentido que ela se elabora tanto pela ida a campo quanto pela sua volta, pelo momento em que você se dedica à escrita, à divulgação do que você viu, ouviu e vivenciou. Ainda segundo o autor:

Essa capacidade de convencer os leitores (em sua maioria acadêmicos, e praticamente todos participantes, pelo menos durante parte do tempo, dessa forma particular de vida a que evasivamente chamamos de "moderna") de que o que eles estão lendo é um relato autêntico, escrito por alguém pessoalmente familiarizado com o modo como se processa a vida em algum lugar, em alguma época, em meio a algum grupo, é a base em que finalmente se assenta qualquer outra coisa que a etnografia deseje fazer – analisar, explicar, divertir, desconcertar, celebrar, edificar, desculpar, estarrecer ou subverter. O vínculo textual entre as facetas do Estar Lá e do Estar Aqui da antropologia, a construção imaginativa de um terreno comum entre o Escrito A e o Escrito Sobre (que hoje em dia, como foi mencionado, não raro são as mesmas pessoas, em estados de espírito diferentes), é a *fons et origo* de qualquer capacidade que tenha a antropologia de convencer alguém de alguma coisa – não uma teoria nem um método, nem tampouco a aura da cátedra professoral, por mais importantes que sejam estes últimos. (Geertz, 2005, p.187-8)

Obviamente que, quando estamos referindo-nos a pesquisas realizadas no contexto de salas de aulas, a questão do convencimento do texto etnográfico se desloca em outra direção, pois é muito provável que seu leitor tenha clareza sobre como uma escola funciona, como o sistema de ensino de modo geral funciona. No entanto, é sobre aquela escola singular, sobre as relações sociais ali existentes, sobre a prática daqueles determinados agentes que seu trabalho fala, e de como essa concretude do texto etnográfico nos possibilita avançar no debate teórico e na compreensão de questões mais estruturais de nossa sociedade.

Fazer etnografia em contexto escolar nos demanda também um bom conhecimento teórico sobre os debates próprios sobre o sistema de ensino. Muitos dos meus orientandos na pós-graduação em Educação provêm das ciências sociais, muitas vezes eles conhecem bem as teorias do campo da antropologia e da sociologia, bem como o modo de operar metodologicamente, porém conhecem relativamente pouco do debate em educação, ainda que tenham realizado uma licenciatura. Evidentemente que a escolha por realizar uma pós-graduação em Educação indica um interesse em aprofundar esses conhecimentos, em saber mais sobre a educação (assim como os demais), mas penso também que, no caso de meus orientandos e estudantes com esse perfil, fica mais evidente o que quero argumentar. Quero dizer com isso que um bom texto etnográfico demanda mais que a capacidade descritiva do que é observado, pois é necessário também articular a empiria com a teoria, inclusive na direção de repensar a teoria.

Tomemos como exemplo uma das questões que se colocam como mais recorrentes no cotidiano escolar, o embate entre posturas mais "tradicionais" e as mais "progressistas". Como bem demonstra Saviani (2012), essas relações são profundamente complexas, criticando tanto os chamados métodos "tradicionais" quanto os "novos", posto que em ambos os casos implicariam numa autonomização da pedagogia em relação à sociedade. Compreendo que esse debate teórico que o autor realiza é profundamente relevante e nos revela aspectos centrais da prática pedagógica, porém acredito que a observação etnográfica nos possibilita avançar empiricamente nele. Voltemo-nos para o trabalho de Willis (1991, p.110-1) para observarmos como ele capta essa tensão:

Spansky – Alguns professores tentam abaixar-se ao nível da gente...
como Chapman, ele nos reúne todos no ginásio.

Skipe – Ele o chama de Eddie.

Eddie – É, eu não suporto isso, um professor me chamar de Eddie.

Spansky – Ele estava falando pra gente e tentando usar palavrões e o
usando a expressão "O chefe" para se referir ao diretor.

PW – O que vocês acham disso?

Spansky – No começo achamos que era bom, entende? Agora compreendemos que ele estava apenas tentando nos enganar, entende o que
quero dizer? dividir a gente.

Fred – O Reagan gostava de se chegar pra perto da gente, sentar-se ao
meu lado e falar com a gente. Uma vez eu realmente me enchi. Eu simplesmente mandei ele à puta que o pariu. Ele disse "Vai pra direção". Eu levei
quatro golpes de palmatória.

Apesar de todas as suas proclamadas diferenças, na situação real,
tanto as técnicas modernas quanto as tradicionais estão basicamente
preocupadas em obter um certo consentimento por parte dos estudantes, dentro de um eixo tão firmemente controlado quanto possível. É
um tanto equivocado, como vimos, supor que o paradigma tradicional
esteja preocupado simplesmente com a dominação sobre os estudantes. Na realidade, uma submissão exagerada aos desejos do professor
é tida como "coisas de menina" e "falta de espinha dorsal" até mesmo
no modelo tradicional. A relação crucial aqui está baseada no *consentimento* dos alunos em retribuir – voluntariamente a partir de seus
próprios recursos – com atos de troca educacional. O progressivismo,
tal como é usualmente praticado, pode ser visto como uma continuação do tradicionalismo no sentido de que tenta preservar uma versão do consentimento que tem estado sempre no centro dos métodos
mais antigos. Na situação concreta, o progressivismo é uma ampliação de seus termos, tendo em vista a realidade, não uma derrubada
do tradicionalismo.

Interessa-nos demonstrar aqui como o autor articula a fala de
seus sujeitos de pesquisa, as observações realizadas e o debate teórico
em educação. A etnografia constitui um modo particular de produzir conhecimento para conhecermos determinada realidade, ainda
quando estamos referindo-nos a algo que nos é familiar. A ideia é que

ela apresentaria a possibilidade de enxergarmos a partir de um novo ângulo questões que estão latentes no campo.

No processo de escrita, deve-se estar atento ao fato de que a realidade não deve encaixar-se nos modelos teóricos, muito pelo contrário, pois os conceitos emergem do campo, a partir das categorias nativas. Alguns exemplos bastante conhecidos na antropologia são os de *mana*, *hau* e *kula*, que foram utilizadas para a elaboração de outras teorias, como das trocas simbólicas. Portanto, deve-se ouvir bem o campo, tentar compreendê-lo e realizar esse movimento em direção ao texto, que deve buscar expressar como tais categorias se apresentam na realidade empírica e como o autor a interpreta.

Por mais que a questão dos detalhes seja relevante para produzir uma boa etnografia, como bem destaca Magnani (2009), o mais relevante é na verdade a atenção dada aos detalhes, e não seu acúmulo obsessivo. É a partir dessa atenção que surge a "sacada" na pesquisa etnográfica, que reflete o arranjo dos fragmentos das informações encontradas em campo, formando um todo que nos possibilita um novo entendimento sobre determinada questão. O trabalho etnográfico de Maia (2017, p.96-7) nos oferece um conveniente exemplo de "sacada" em campo, quando o pesquisador tenta compreender o que é um bom professor para os alunos:

> O bom professor é alguém que explica bem a matéria. O explicar bem, por sua vez, refere-se a determinadas técnicas de ensino que produzem a eficácia simbólica da relação pedagógica. As técnicas de ensino utilizadas durante a performance que são valorizadas pelos alunos são aquelas que facilitam a memorização dos conteúdos. Em geral, são técnicas personalizadas de transmissão do saber, como os truques, dicas e macetes, que são associadas ao professor que as utiliza, já que não estão nos livros didáticos. Truques, dicas e macetes são mais comuns nas disciplinas escolares em que é preciso saber regras ou fórmulas, como Física, Química e Língua Portuguesa.
>
> Já nas disciplinas de humanas, é mais comum que o professor evoque ou invoque personagens sagrados, figuras heroicas e valores culturais durante a explicação, relacionando-os por meio de analogias ao conteúdo que está sendo ensinado. É como se a operação imprimisse na "matéria" o valor cultural que um dos termos da analogia possui. Além disso,

o professor vale-se constantemente de incidentes e anedotas de sua vida pessoal para ilustrar seus pontos. Isto faz despertar o interesse dos alunos na matéria.

Como é típico do relacionamento carismático, a relação professor-aluno é permeada por uma série de vínculos emocionais, que, quando estabelecidos de maneira consistente, conferem legitimidade ao professor. Os "bons" professores conseguem suscitar através de sua performance essa sensação de intimidade e proximidade. Esses vínculos emocionais são valorizados pelos alunos e apareceram como componentes relevantes na eficácia simbólica da relação pedagógica.

Como podemos perceber, sua "sacada" emerge a partir de um conjunto de observações em campo, somadas à escuta de seus sujeitos de pesquisa. Claro que essa "sacada" surge com o tempo em campo, quando passamos a compreender a coerência interna da cultura do outro, no caso da cultura de determinada escola. Esse salto nem sempre é simples, uma vez que uma coisa é a experiência de estar em campo, realizar anotações sobre esse período, outra coisa é escrever sobre ela. Como traduzir em palavras o que vivemos com os outros? E o que entendemos dessa vivência do outro?

o quebra-cabeça montado pelo antropólogo (a ordem proposta) tem de ser o suficientemente honesto para apresentar tanto as peças soltas quanto as peças montadas. Em palavras de Sahlins (2003), a realidade etnográfica não pode ser substituída pela compreensão dela. As peças soltas são a descrição densa, as peças montadas a interpretação proposta. Muitas vezes, o que resta destes trabalhos é muito mais a capacidade de aprender e descrever os dados, do que a ordem que construímos. Conforme salienta Mariza Peirano, "Darcy Ribeiro também confessou, um dia, que seus trabalhos teóricos pouco valiam, estavam inclusive 'errados'. O conjunto de seus diários de campo era, sim, o que de mais importante havia produzido" (Peirano, 2008, p.5). Mas, como "montar uma ordem" sem mexer nas "peças soltas"? A rigor, essas "peças soltas" não são também uma "montagem", na medida em que se transformaram de informações em dados? Podemos dizer que por mais que não queiramos interferir nas informações, a montagem é feita e, de novo, voltamos à questão da formação teórica: se o campo se iniciou com um trabalho de formação teórica, ele culmina, novamente, na teoria, pois é ela que ajuda a pôr as coisas em ordem, por mais mínima que essa ordem seja. (Uriarte, 2012, p.8-9)

Esse movimento de tentar ordenar os acontecimentos por meio da escrita remete ao exercício de tentar captar o "ponto de vista do nativo", entender o sentido de suas ações (Geertz, 1989). Porém, cabe aí um adendo, uma vez que uma coisa é o que o nativo pensa, outra coisa é o que o antropólogo pensa que o nativo pensa, de modo que o ponto de vista do pesquisador é uma relação com o ponto de vista do nativo (Viveiros de Castro, 2002).

Possivelmente, nossas relações em campo com estudantes, professores, gestores etc. serão sensivelmente diferentes. É preciso que explicitemos a forma como essas relações foram construídas e como se desdobraram em campo. Há quanto tempo conhecemos aquela escola? Por que a escolhemos? Já conhecíamos seus docentes? Os estudantes? Eu moro no mesmo bairro da escola? O que eu já havia observado antes de começar meu campo?

Creio que um caminho que pode ser interessante é começar indicando o que você já sabia, para então passar ao que você observou e finalmente o que passou a enxergar que antes não percebia. Como bem demonstram Sales e Beserra (2019), o exercício reflexivo de relermos nossos próprios diários é capaz de provocar espanto, fazendo-nos descobrir elementos da instituição escolar que até então não havíamos notado. Como tantos outros caminhos apontados aqui, esse também não é necessariamente linear, pois nossas experiências não são lineares, nossas leituras são contínuas e nossas revisitas a nossos próprios registros sempre nos trazem elementos novos.

A escrita certamente não é um exercício fácil, quantos estudantes já me afirmaram estarem "travados" ou "sem inspiração" mesmo depois de terem realizado todas as leituras e feito toda a pesquisa de campo. Outra frase que às vezes escuto é que o estudante está "detestando" tudo que está escrevendo. Em parte, esses receios da escrita, como bem explicita Becker (2015), provêm da falsa ideia de que é há uma "maneira certa" de escrever e que os "profissionais mais experientes" o fazem já em um primeiro momento.

Apesar de estar numa fase da vida que não tenho mais orientador, meus artigos sempre passam por um diálogo com os revisores anônimos, que são especialistas da comunidade acadêmica que se disponibilizam a avaliar os trabalhos científicos. Por mais seguro que eu esteja no momento da submissão de um texto, sempre recebo algum *feeedback*, normalmente com sugestão de bibliografia a ser incluída, supressão de passagens do texto, pedidos para que outras sejam mais bem descritas e esclarecidas etc., ou seja, o texto passa sempre por esse diálogo que torna sua elaboração contínua.

Recomendo o aproveitamento dos espaços coletivos de discussão, com seu orientador ou com um grupo de pesquisa, ou se preferir com algum colega que está passando pelo mesmo momento que você, pela "dor da tese" (Grossi, 2004). Gama e Fleischer (2016, p.119-20) compartilham uma experiência docente, ocorrida na disciplina de Métodos e Técnicas em Antropologia Social, na qual havia uma circulação do que ia sendo produzido pelas estudantes na disciplina.

Sugerimos duas formas de escrita do diário: uma primeira para si, a mais "completa" possível, repleta de descrições concretas de cenário, figurino, contexto, discursos, fisionomias, tons de voz etc., produzida de modo livre, desinibido e catártico. E uma segunda forma revisada para ser compartilhada com a dupla e depois com as colegas e as professoras. Chamamos esse formato de "diário editado", já que o objetivo era circular as formas de escrita e descrição e não constranger as estudantes em seus desabafos, inseguranças ou eventuais "equívocos" de forma ou de antropologia. Em sala de aula, trocaram diários, leram umas às outras e, ao se permitirem serem lidas, foram descobrindo juntas a miríade de percalços do fazer antropológico, percebendo que não estavam sozinhas nessas descobertas. Crescíamos juntas. O "erro" de uma era lição para todas. Isso humanizava o processo, tornava a antropologia mais próxima, mais possível, mais concreta.

Caso tenha a oportunidade, acho especialmente frutífero, sendo você alguém que possui a formação em Educação, pedir para um colega de Ciências Sociais ler seu trabalho, e vice-versa, pois nesses olhares cruzados entre a antropologia e a educação podem surgir novas questões que farão seu trabalho avançar.

É importante lembrar que, mesmo quando você conclui a etapa formativa (trabalho de conclusão de curso, mestrado, doutorado), há ainda a divulgação de seu trabalho em eventos científicos, artigos em revistas, capítulos de livro etc. Esse processo de circulação do trabalho é o que possibilita o diálogo com a comunidade de pares, que permite que ele seja citado, para ser elogiado ou criticado. É no diálogo com outros que o trabalho ganha outros contornos, as ideias vão sendo revisitadas e repensadas, e vez ou outra você pode ser estimulado a revisitar e reescrever parte do que já foi feito. É comum que livros que ganham novas edições incorporem as discussões realizadas entre uma edição e outra, ocasionalmente ganham novas notas explicativas, por vezes novos capítulos, o que demonstra que a escrita é um exercício sempre inacabado.

Considerações finais

Este breve trabalho teve como objetivo contribuir para o diálogo entre a antropologia e a educação, e de forma mais específica para o debate sobre a produção de etnografias em contextos escolares. Busquei ao máximo produzir um texto polifônico, trazendo questões suscitadas por uma ampla gama de autores, muitos deles antropólogos que realizaram etnografias em contextos educacionais. Guiei-me principalmente pelas minhas próprias inquietações em campo e em sala de aula, assim como pelas questões levantadas pelos meus estudantes, tanto por aqueles que rumavam da educação para a antropologia quanto pelos que faziam o caminho reverso.

Continuo me surpreendendo em campo, passando por situações inesperadas, refletindo sobre novos aspectos, mesmo quando diante de realidades já "conhecidas". Quero dizer com isso que a reflexão sobre o fazer etnográfico é contínuo, obviamente que a experiência em campo nos possibilita acumular certo *know how*, mas o próprio campo não é estático, as escolas são plurais e em contínua transformação, por isso que nosso conhecimento sobre determinada realidade sempre se transforma a cada ida à campo.

A etnografia nos possibilita uma desconstrução da falsa evidência de que conhecemos a realidade escolar por "sermos nativos", termos frequentado bancos escolares, ou mesmo por sermos "especialistas" no campo da educação. As escolas são plurais, ainda que o sistema de ensino seja unificado em determinado país ou estado, as relações sociais que animam as práticas cotidianas na escola dão contornos próprios a esse espaço, e a etnografia nos chama a atenção para esse fenômeno.

Faz parte da natureza da pesquisa etnográfica a surpresa, o espanto, a descoberta, afinal a descoberta no âmbito das ciências humanas ocorre, justamente, pela nossa capacidade de observar a realidade por um novo ângulo, e a etnografia sempre faz emergir em campo uma visão multifacetada da realidade social.

As reflexões aqui trazidas sobre as diversas etapas da pesquisa, no entanto, não visam elaborar um modelo fechado de como produzir etnografias, nem mesmo um manual sobre etnografia em educação, trata-se, sim, de um guia reflexivo. Compreendo que é de fundamental relevância refletirmos sobre as diversas etapas da pesquisa, que vão desde os momentos que antecedem sua elaboração até sua escrita "final", e basicamente o que fiz aqui foi compartilhar algumas das minhas reflexões.

Para alguém que está começando a realizar pesquisas etnográficas, é importante compreender que seus dilemas se assemelham àqueles vivenciados por vários antropólogos, que as dúvidas e inseguranças são comuns, e são elas que nos impulsionam, pois nos fazem refletir sobre nossas práticas, nos tiram do conforto enganoso das certezas.

A reflexão contínua sobre a etnografia em contexto escolar é importante de ser realizada, a meu entender, principalmente por duas razões, que espero que tenham ficado bastante claras no decorrer do livro: a) a etnografia não é uma "técnica" a ser apropriada pelo campo da educação, pois remete a uma forma particular de produzir conhecimento, de produzir uma pesquisa não sobre as pessoas, mas com as pessoas, de conviver com elas e escrever sobre isso de maneira reflexiva, articulando o particular e o geral; b) a etnografia deve assumir um caráter afirmativo em educação, não é preciso ser um antropólogo no sentido estrito do termo para produzir boas etnografias, mas para isso o diálogo com a antropologia será fundamental.

Espero que o livro seja encarado como um convite para a pesquisa etnográfica em educação; um convite e também uma companhia, que possa tornar a jornada de cada jovem pesquisador menos solitária, que instigue a reflexão e o desejo de produzir conhecimento a partir de um novo ângulo, de uma nova forma de pensar a educação.

Referências

ANDRÉ, M. Pesquisa em educação: buscando rigor e qualidade. *Cadernos de Pesquisa*, s/v, n.113, p.51-61, 2001.

ANDRÉ, M. *Etnografia da prática escolar*. Campinas: Papirus: 1995.

ASSOCIAÇÃO BRASILEIRA DE ANTROPOLOGIA (ABA). *Protocolo de Brasília*: laudos antropológicos: condições para o exercício de um trabalho científico. Rio de Janeiro, Associação Brasileira de Antropologia, 2015.

AZANHA, J. M. P. *Uma ideia de pesquisa educacional*. São Paulo: Edusp, 1992.

AZEVEDO, A. Diário de campo e diário gráfico: contribuições do desenho à antropologia. *Áltera – Revista de Antropologia*, v.2, n.2, p.100-119, 2016.

BARTH, F. *O guru, o iniciador e outras variações antropológicas*. Rio de Janeiro: Contra Capa Livraria, 2000.

BEAUD, S.; WEBER, F. *Guia para a pesquisa de campo*: produzir e analisar dados etnográficos. Petrópolis: Vozes, 2007.

BECKER, H. S. A pesquisa em escolas urbanas. *Enfoques*, v.13, n.1, p.1-14, 2013.

BECKER, H. *Truques da escrita*: para começar e terminar teses, livros e artigos. Rio de Janeiro: Zahar, 2015.

BECKER, H. S. *Segredos e truques da pesquisa*. Rio de Janeiro: Jorge Zahar Ed., 2007.

BESERRA, B. L. R. *Dos riscos da diferença*: etnografia de um percurso acadêmico. Fortaleza: Imprensa Universitária, 2016.

BOURDIEU, P.; PASSERON, J.-C. *A reprodução*: elementos para uma teoria do sistema de ensino. Petrópolis: Vozes, 2008.

BOURDIEU, P.; CHAMBOREDON, J.-C.; PASSERON, J.-C. *O ofício do sociólogo*: preliminares epistemológicas. Petrópolis: Vozes, 2000.

BOURDIEU, P. *Razões práticas*. Campinas: Papirus, 1996.

BRANDÃO, C. R. Reflexões sobre como fazer trabalho de campo. *Sociedade e Cultura*, v.10, n.1, p.11-28, 2007.

BRANDÃO, C. R. *O que é educação*. São Paulo: Brasiliense, 2004.

BRANDÃO, Z. A dialética micro/macro na sociologia da educação. *Cadernos de Pesquisa*, s/v, n.113, p.153-165, 2001.

BRASIL.. Conselho Nacional de Saúde. Resolução n.510, de 7 de abril de 2016. *Diário Oficial da União*, Poder Executivo, Brasília, DF, 24 maio 2016. Seção 1, n.98, p.44-46.

BRASIL. Conselho Nacional de Saúde. Resolução n.466, de 12 de dezembro de 2012. *Diário Oficial da União*, Poder Executivo, Brasília, DF, 13 jun. 2013. Seção 1, n.112, p.59-62.

CANDAU, V. M. Multiculturalismo e educação: desafios para a prática pedagógica. In: MOREIRA, A. F.; CANDAU, V. M. (Org.). *Multiculturalismo*: diferenças culturais e práticas pedagógicas. Petrópolis, RJ: Vozes, 2010. p.13-37.

CALAVIA SÁEZ, O. *Esse obscuro objeto da pesquisa:* um manual de método, técnicas e teses em antropologia. Florianópolis: Edição do autor, 2013.

CAPUTO, S. G. *Educação nos terreiros:* e como a escola se relaciona com crianças de candomblé. Rio de Janeiro: Pallas, 2012.

CARDOSO, R. Aventuras de antropólogos em campo ou como escapar das armadilhas do método. In: CARDOSO, R. (Org.). *A aventura antropológica:* teoria e pesquisa. Rio de Janeiro: Paz e Terra, 1986. p.95-106.

CARNIEL, F.; RAPCHAN, E. S. Usos (sem abuso) do texto etnográfico em sala de aula. *Revista brasileira de estudos pedagógicos*, v.99, n.253, p.687-699, 2018.

CARVALHO, J. J. O olhar etnográfico e a voz subalterna. *Horizontes Antropológicos*, v.7, n. 5, p.107-147, 2001.

CIPINIUK, T. A. Etnografia em escola pública e seus desafios: um olhar sobre métodos aplicados no itinerário do trabalho de campo. *Educere et Educare*, v.9, n.17, p.83-91, 2014.

CLIFFORD, J. *A experiência etnográfica*: antropologia e literatura no século XX. Rio de Janeiro: Editora UFRJ, 2011.

CORSARO, W. Entrada no campo, aceitação e natureza da participação nos estudos etnográficos com crianças pequenas. *Educação & Sociedade*, v.26, n.91, p.443-464, 2005.

DAMATTA, R. O ofício do etnólogo, ou como ter "Anthropological Blues". In: NUNES, E. de O. (Org.). *A aventura sociológica*: objetividade, paixão, improviso e método na pesquisa social. Rio de Janeiro: Zahar, 1978. p.23-35.

DAUSTER, T. An interdisciplinary experience in anthropology and education: memory, academic project and political background. *Vibrant*, v.12, n.2, p.451-496, 2015.

DAUSTER, T. "Entre a Antropologia e a Educação" – a produção de um diálogo imprescindível e de um conhecimento híbrido. *Ilha – revista de antropologia*, v.6, n.2, p.197-207, 2004.

DAUSTER, T.; TOSTA, S.; ROCHA, G. Introdução. In: DAUSTER, T.; TOSTA, S.; ROCHA, G. (Org.). *Etnografia e Educação*. Rio de Janeiro: Lamparina, 2012. p.15-22.

DINIZ, D. A pesquisa social e os comitês de ética no Brasil. In: FLEISCHER, S.; SCHUCH, P. (Org.). *Ética e regulamentação na pesquisa antropológica*. Brasília: Letras Livres/Editora Unb, 2010. p.183-192.

DINIZ, D. Ética na pesquisa em ciências humanas: novos desafios. *Ciência & Saúde Coletiva*, v.13, p.417-426, 2008.

DURHAM, E. R. *A dinâmica da cultura*: ensaios de Antropologia. São Paulo: Cosac Naify, 2004.

EUGÊNIO, F. De como olhar onde não se vê: ser antropóloga e ser tia em uma escola especializada para crianças cegas. In: VELHO, G.; KUSCHNIR, K. (Org.). *Pesquisas urbanas*: desafios do trabalho antropológico. Rio de Janeiro: Jorge Zahar Ed., 2003. p.208-220.

EVANS-PRITCHARD, E. E. *Bruxaria, oráculos e magia entre os Azandes*. Rio de Janeiro: Jorge Zahar, 2005.

FONSECA, C. Situando os Comitês de Ética em Pesquisa: o sistema CEP (Brasil) em perspectiva. *Horizontes Antropológicos*, v.21, n.44, p.333-369, 2015.

FONSECA, C. Quando cada caso não é um caso: pesquisa etnográfica e educação. *Revista Brasileira de Educação*, s/v, n.10, p.58-78, 1999.

FLEISCHER, S. Uma antropóloga em um comitê de ética em pesquisa social: um relato pessoal. *Amazônica: Revista de Antropologia*, v.10, p.468-490, 2018.

FRANCH, M. *Imagine yourself not alone*: Reflexões sobre a produção coletiva de conhecimento em antropologia. In: BURITY, J. A.; RODRIGUES, C. M. L.; SECUNDINO, M. A. *Desigualdades e justiça social*. v.II: *Diferenças culturais & políticas de identidade*. Belo Horizonte: Argvmentvm, 2010, p.245-258.

FREEMAN, D. *Margaret Mead and Samoa*: The Making and Unmaking of an Anthropological Myth. Londres: Peguin Books, 1983.

GAMA, F.; FLEISCHER, S. Na cozinha da pesquisa: relato de experiência na disciplina "Métodos e Técnicas em Antropologia Social". *Cadernos de Antropologia e Arte*, v.5, n.2, p.109-127, 2016.

GARCIA, T. B. *Origens e questões da etnografia educacional no Brasil*: um balanço de teses e dissertações (1981-1998). São Paulo, 2001. 308 f. Tese (Doutorado em Educação) – Faculdade de Educação, Universidade de São Paulo.

GEERTZ, C. *Atrás dos fatos*: dois países, quatro décadas, um antropólogo. Petrópolis: Vozes, 2012.

GEERTZ, C. *Obras e vidas*: o antropólogo como autor. Rio de Janeiro, Editora da UFRJ, 2005.

GEERTZ, C. *Nova luz sobre a antropologia*. Rio de Janeiro: Jorge Zahar, 2001.

GEERTZ, C. *A interpretação das culturas*. Rio de Janeiro: LTC 1989.

GIUMBELLI, E. Para além do "trabalho de campo": reflexões supostamente malinowskianas. *Revista Brasileira de Ciências Sociais*, v.17, n.48, p.91-107, 2002.

GOLDMAN, M. Os tambores dos mortos e os tambores dos vivos. Etnografia, antropologia e política em Ilhéus, Bahia. *Revista de Antropologia*, v.46, n.2, p.445-476, 2003.

GOMES, A. M. R.; FARIA, E. L.; BERGO, R. S. Aprendizagem na/da etnografia: reflexões conceitual-metodológicas a partir de dois casos bem brasileiros. *Revista da FAEEBA*, v.28, n.56, p.116-135, 2019.

GOMES, N. L. Trajetórias escolares, corpo negro e cabelo crespo: reprodução de estereótipos ou ressignificação cultural? *Revista Brasileira de Educação*, s/v, n.21, p.40-51, 2002.

GUIMARÃES, A. S. Como trabalhar "raça" em sociologia. *Educação e Pesquisa*, v.29, n.1, p.93-107, 2003.

GUSMÃO, N. M. M. Entrelugares: antropologia e educação no Brasil. *Revista Educação*, v.34, n.1, p.29-46, 2009.

GUSMÃO, N. M. M. Antropologia e educação: história e trajetos / Faculdade de Educação – Unicamp. In: GROSSI, M. P.; TASSINARI, A.; RIAL, C. (Org.). *Ensino de Antropologia no Brasil*: formação, práticas disciplinares e além-fronteiras. Blumenau: Nova Letra, 2006. p.299-331.

GUSMÃO, N. M. M. Antropologia e educação: origens de um diálogo. *Cadernos CEDES*, v.18, n.43, p.8-25, 1997.

GUSMÃO, N. M. M; SOUZA, M. L. Etnografias na/e educação: um olhar sobre quilombolas no Brasil e africanos em Portugal. *Revista Contemporânea de Educação*, v.13, n.26, p.15-145, 2018.

GROSSI, M. A dor da tese. *Ilha – Revista de Antropologia*, v.6, n.1/2, p.221-232, 2004.

HARAWAY, D. Saberes localizados: a questão da ciência para o feminismo e o privilégio da perspectiva parcial. *Cadernos Pagu*, s/v, n.5, p.7-41, 1995.

HEALEY, M. Os desencontros da tradição em Cidade das Mulheres: raça e gênero na etnografia de Ruth Landes*. *Cadernos Pagu*, s/v, n.6/7, 1 p.53-199, 1996.

INGOLD, T. Chega de etnografia! A educação da atenção como propósito da antropologia. *Educação*, v.39, n.3, p.404-411, set.-dez. 2016.

INGOLD, T. *Estar vivo*: ensaios sobre movimento, conhecimento e descrição. Petrópolis: Vozes, 2015.

KOURY, M. G. P. Imagem e narrativa ou, existe um discurso da imagem? *Horizontes Antropológicos*, v.5, n.12, p.59-68, 1999.

KUPER, A. Histórias alternativas da antropologia social britânica. *Etnográfica*, v.IX, n.2, p.209-230, 2005.

KUPER, A. *Antropólogos e antropologia*. Rio de Janeiro: Francisco Alves, 1978.

LAHIRE, B. *Sucesso escolar nos meios populares:* as razões do improvável. São Paulo: Ática, 1995.

LANDES, R. *A cidade das mulheres.* Rio de Janeiro: Editora da UFRJ, 2002.

LAPLANTINE, F. *La description ethnographique.* Paris: Armand Colin, 2011.

LATOUR, B. *Jamais fomos modernos:* ensaio de antropologia simétrica. São Paulo: Editora 34, 1994.

LATOUR, B.; WOOLGAR, S. *A vida de laboratório:* a construção dos fatos científicos. Rio de Janeiro: Relume-Dumará, 1997.

LANGDON, E. J.; MALUF, S., TORNQUIST, C. Ética e política na pesquisa: os métodos qualitativos e seus resultados, In: GUERRIERO, I.; SCHMIDT, M. L. S.; ZICKER, F. *Ética nas pesquisas em ciências humanas e sociais na saúde.* São Paulo: Hucitec, 2008. p.128-147.

LEAL, F. ¿Qué función cumple la argumentación en la metodología de la investigación en ciencias sociales? *Espiral,* v.24, n.70, p.9-49, sept./dic. 2017.

LÉVI-STRAUSS, C. *Antropologia estrutural.* São Paulo: Cosac Naify, 2008.

LIMA, A. de O. As origens emocionais da evasão: apontamentos etnográficos a partir da Educação de Jovens e Adultos. *Horizontes Antropológicos,* Porto Alegre, ano 25, n.54, p.253-272, maio/ago. 2019.

LIMA, P. G. Tendências paradigmáticas na pesquisa educacional. Campinas, 2001. 301 f. Dissertação (Mestrado em Educação) – Faculdade de Educação, Universidade Estadual de Campinas.

MACHADO, L. Z.; MOTTA, A.; FACCHINI, R.. Quem medo dos antropólogo(a) s? Dilemas e desafios para a produção e práticas científicas. *Revista de Antropologia,* v.61, n.1, p.9-32, 2018.

MAINARDES, J. A ética na pesquisa em educação: panorama e desafios pós-Resolução CNS n.510/2016. *Educação,* v.40, n.2, maio-ago. 2017, p.160-173.

MALINOWSKI, B. *Um diário no sentido estrito do termo.* São Paulo: Editora Record, 1997.

MALINOWSKI, B. *Os argonautas do pacífico ocidental:* um relato do empreendimento e da aventura dos nativos no arquipélago da Nova Guiné polinésia. São Paulo: Abril Cultural, 1978.

MAGNANI, J. G. C. Etnografia como prática e experiência. *Horizontes Antropológicos,* Porto Alegre, ano 15, n.32, p.129-156, 2009.

MAGNANI, J. G. C. De perto e de dentro: notas para uma etnografia urbana. *Revista Brasileira de Ciências Sociais,* São Paulo, v.17, n.49, p.11-29, 2002.

MAIA, B. O que torna o professor um "bom professor"?: Carisma e autoridade na escola pública. *Antropolítica,* s/v, n.43, p.73-99, 2017.

MARTUCCI, E. M. Estudo de caso etnográfico. *Revista de Biblioteconomia de Brasília,* v.25, n.2, p.167-180, 2001.

MCLAREN, P. *Rituais na escola:* em direção a uma economia política de símbolos e gestos na educação. Petrópolis, RJ: Vozes, 1992.

MAUSS, M. *Manual de etnografia.* Lisboa: Publicações Dom Quitoxe, 1993.

MAUSS, M. *Manuel d'ethnographie (Cours donnés à l'Institut d'Ethnologie de l'Université de Paris, réunis par M. Leiris & D. Paulme).* Paris: Payot, 1967.

MEAD, M. *Growing up in New Guinea.* New York: Prennial Classics, 2001.

MEAD, M. *Coming of Age in Samoa.* New York: William Morrow, 1961.

MEAD, M. The anthropologist in the school as a field. In: SPINDLER, G. (Org.). *Education and Anthropology.* Stanford: Stanford University Press, 1955. p.271-280.

MELO, M.; BERNARDO, A. C.; GOMES, S. As teses da área de Sociologia no Brasil: padrões de inflexões temáticas e metodológicas. *Revista Brasileira de Sociologia,* v.6, n.13, p.58-75, 2018.

MENDONÇA, J. M. B. O uso da câmera nas pesquisas de campo de Margaret Mead. *Cadernos de Antropologia e Imagem,* v.22, n.1, p.57-73, 2006.

MUNANGA, K. Por que ensinar a história da África e do Negro no Brasil de Hoje? *Revista do Instituto de Estudos Brasileiros,* s/v, n.63, p.20-31, 2015.

NOVAES, S. C. A construção de imagens na pesquisa de campo em antropologia. *Iluminuras,* Porto Alegre, v.13, n.31, p.11-29, jul.-dez. 2012.

OLIVEIRA, A. Etnografia e pesquisa educacional a partir de antropologia interpretativa. *Revista Eletrônica de Educação,* São Carlos, v.14, p.1-12, e2795039, jan.-dez. 2020.

OLIVEIRA, A. Uma antropologia fora do lugar? Um lugar sobre os antropólogos na educação. *Horizontes Antropológicos,* Porto Alegre, ano 23, n.49, p.233-253, set.-dez. 2017.

OLIVEIRA, A. A antropologia e a formação de professores. *Revista Cocar,* Belém, v.8, n.15, p.23-30, jan.-jul. 2014.

OLIVEIRA, A. Por que etnografia no sentido estrito e não estudos do tipo etnográfico em educação? *Revista FAEEBA,* v.22, n.40, p.69-82, 2013.

OLIVEIRA, A. Etnografia na escola? Cultura e pesquisa. In: CARNIEL, F.; FEITOSA, S. (Org.). *A Sociologia em sala de aula:* Diálogos sobre o ensino e suas práticas. Curitiba: Base Editorial, 2012. p.86-99.

OLIVEIRA, A.; BOIN, F.; BÚRIGO, B. D. Quem tem medo de etnografia? *Revista Contemporânea de Educação,* v.13, n.26, p.10-30, jan.-abr. 2018.

OLIVEIRA, L. R. C. Diálogos intermitentes: notas sobre antropologia e ética. *Revista Anthropológicas,* Recife, v.21, n. 2, p.191-215, 2010.

OLIVEIRA, L. R. C. Pesquisa em *versus* pesquisas com seres humanos. In: VICTORIA, C.; OLIVEN, R. G.; MACIEL, M. E.; ORO, A. P. (Org.). *Antropologia e ética:* o debate atual no Brasil. Niterói: EdUFF, 2004, p.33-44.

OLIVEIRA, R. C. *O trabalho do antropólogo*. São Paulo: Editora Unesp, 2006.

ORTIZ, R. *A diversidade dos sotaques: o inglês e as ciências sociais*. São Paulo: Brasiliense, 2008.

PEIRANO, M. Etnografia não é método. *Horizontes Antropológicos*, Porto Alegre, ano 20, n.42, p.377-391, jul.-dez. 2014.

PEIRANO, M. Etnografia, ou a teoria vivida. *Ponto. Urbe*, São Paulo, s/v, n.2, p.1-11, 2008.

PEIRANO, M. *Teoria vivida: e outros ensaios*. Rio de Janeiro: Jorge Zahar, 2006.

PEIRANO, M. *A favor da etnografia*. Rio de Janeiro: Relume Dumará, 1995.

PEREIRA, A. B. Do controverso "chão da escola" às controvérsias da etnografia: aproximações entre antropologia e educação. *Horizontes Antropológicos*, Porto Alegre, ano 23, n.49, p.149-176, set.-dez. 2017.

PIRES, F. Roteiro sentimental para o trabalho de campo. *Cadernos de Campos*, São Paulo, s/v, n.20, p.143-148, 2011.

PIRES, F. Ser adulta e pesquisar crianças: explorando possibilidades metodológicas na pesquisa antropológica. *Revista de Antropologia*, São Paulo, v.50, n.1, 2007, p.225-270.

RAMOS, J. R. G. Cómo se construye el marco teórico de la investigación. *Cadernos de Pesquisa*, São Paulo, v.48, n.169, p. 830-854, 2018.

RIAL, C. Roubar a alma: ou as dificuldades da restituição. *Tessituras: Revista de Antropologia e Arqueologia*, Pelotas, v.2, p.201-212, 2014.

ROBERTI JUNIOR, J. P.; CARIAGA, D. E.; SEGATA, J. Antropologia como (In) Disciplina: notas sobre uma relação imprecisa entre campo e escrita. *Ilha – Revista de Antropologia*, Florianópolis, v.17, n.2, p.101-122, ago.-dez. 2015.

ROCKWELL, E.; EZPELETA, J. *A pesquisa participante*. São Paulo/Campinas: Cortez/Autores Associados, 1989.

ROMERO, Ó. A. H. Hacia una antropología de la educación en América Latina desde la obra de Paulo Freire. *Magistro*, v.4, n.8, p.19-32, 2010.

ROSISTOLATO, R. A liberdade dos etnógrafos em educação e seu mosaico interpretativo. *Revista Contemporânea de Educação*, Rio de Janeiro, v.13, n.26, p.1-9, jan.-abr. 2018.

ROSISTOLATO, R. "Sabe como é, eles não estão acostumados com antropólogos!": uma análise etnográfica da formação de professores. *Pro-posições*, Maceió, v.24, n.2, p.41-54, 2013.

ROSISTOLATO, R.; PRADO, A. P. O ensino da escrita etnográfica como caminho na construção do olhar antropológico. *Debates em Educação*, Maceió, v.11, n.23, p.332-345, 2019.

SABOTTKA, E. A. Regulamentação, ética e controle social na pesquisa em ciências humanas. *Revista Brasileira de Sociologia*, v.3, n.5, p.53-78, 2015.

SALES, Y. de N.; BESERRA, B. de L. A pesquisa etnográfica e o ensino de antropologia da educação: diários de campo e as surpresas da reflexividade. *Debates em Educação*, Maceió, v.11, n.23, p.375-389, 2019.

SAMAIN, E. "Ver" e "dizer" na tradição etnográfica: Bronislaw Malinowski e a fotografia. *Horizontes Antropológicos*, Porto Alegre, ano 1, n.2, p.23-60, jul.-set. 1995.

SARTI, C.; PEREIRA, É. L.; MEINERZ, N. Avanços da resolução 510/2016 e impasses do sistema CEP/CONEP. *Revista Mundaú*, Maceió, s/v, n.2, p.8-21, 2017.

SAVIANI, D. *Escola e democracia*. Campinas: Autores associados, 2012.

SILVA, C. F. *(Ciências da) Educação no Brasil e em Portugal:* autonomização dos espaços acadêmicos específicos. Lisboa, 2017. Tese (Doutorado em Ciências da Educação) – Faculdade de Ciências Sociais e Humanas, Universidade Nova de Lisboa.

SILVA, V. G. *O antropólogo e sua magia:* trabalho de campo e texto etnográfico nas pesquisas antropológicas sobre religiões afro-brasileiras – São Paulo: Edusp, 2006.

SILVA, V. G. Abertura. In: SILVA, V. G. (Org.). *A Antropologia e seus espelhos:* a etnografia vista pelos observados. São Paulo: Edusp, 1994. p.7-10.

SOUZA, M. R. Por uma educação antropológica: comparando as ideias de Bronislaw Malinowski e Paulo Freire. *Revista Brasileira de Educação*, v.11, n.33, p.487-596, 2006.

STOCKING JR., G. *The Ethnographer's Magic and Other Essays*. Madison: The University of Wisconsin Press, 1992.

STRATHERN, M. *O efeito etnográfico e outros ensaios*. São Paulo: CosacNaify, 2014.

TASSINARI, A. M. I. "A casa de farinha é a nossa escola": aprendizagem e cognição galibi-marworno. *Política & Trabalho*, João Pessoa, s/v, n.43, p.65-96, jul.-dez. 2015.

TOSTA, S. P. Cruzando fronteiras: entre a Antropologia e a Educação no Brasil e na Argentina. *Pro-Posições*, Campinas, v.24, n.2, p.95-107, ago. 2013.

URIARTE, U. M. O que é fazer etnografia para os antropólogos. *Ponto Urbe*, São Paulo, s/v, n.11, p.1-14, 2012.

VALENTE, A. L. Usos e abusos da Antropologia na pesquisa educacional. *Pro-Posições*, Campinas, v.7, n.20, p.54-64, 1996.

VELHO, G. *Individualismo e cultura:* notas para uma antropologia da sociedade contemporânea. Rio de Janeiro: Jorge Zahar, 1981.

VIVEIROS DE CASTRO, Eduardo. O nativo relativo. *Mana*, Rio de Janeiro, v.8, n.1, abr. 2002.

WEBER, F. A entrevista, a pesquisa e o íntimo, ou: por que censurar seu diário de campo. *Horizontes Antropológicos*, Porto Alegre, ano 15, n.32, p.157-170, jul.-dez. 2009.

WILLIS, P. *Aprendendo a ser trabalhador:* escola, resistência e reprodução social. Porto Alegre: Artes Médicas, 1991.